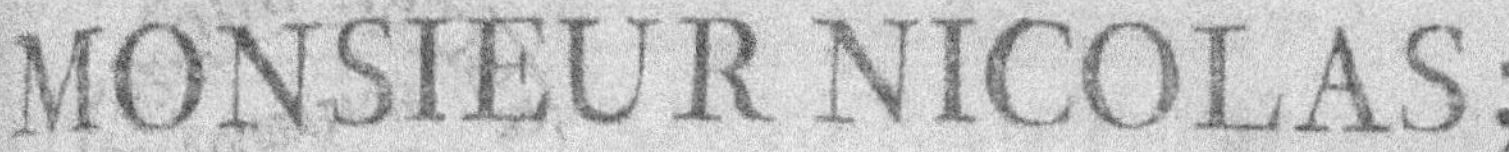

MONSIEUR NICOLAS;

OU

LE CŒUR-HUMAIN DÉVOILÉ.

PUBLIÉ PAR LUI-MÉME.

'Eén 'Ekástos mandüken komízai.
Suam quifque pellem portat.

AVEC FIGURES.

Tome Six.^me douz.^me Partie.

Contenant l'Histoire de Sara.

Imprimé À LA MAISON;
Et fe trouve à PARIS,
Chés la Veuve Marion-R, rue du-Fouarre, n° 16,
à l'entresol.

M.-DCC.-XCVII.

Proposicions sur les Estampes.

Je propose aux Aquéreurs du CŒUR-HUMAIN-DE-
VOILÉ, de souscrire pour les 150 Estampes, indiquées
en marge, & dont les programme se trouvent à la fin de
chaque *Partie*. La souscripcion sera d'un écu-d'or de
24-liv., & l'on tirera *mille* seulement. On ne donera que
12-liv. en souscriyant chéz la Cit. Veuve *Marion-R*,
rüe *du-Fouarre* n° 16, à l'entresol, & les 12 autres en
recevant. ¶ Les Estampe sont absolument necessai-
res à cet Ouvrage, puisque souvent elles expriment ce
qui n'est qu'indiqué dans le texte.

☞ Je viéns de recevoir de *Lion*, une Lettre, où
l'On s'étone que je ne fois pas de l'*Institut-Na-
cional*!... C'est que le cit. *Milran* ignore que
M. *Guinguenet* s'en est fait mettre.

MONS^{R.} NICOLAS;
OU LE
CŒUR-HUMAIN DÉVOILÉ.

Douzième Partie.

Il est temps d'en venir à l'histoire de 1780 *Sara*, qui me rendit sa 1re visite peu de temps après que j'eús vu la celeste *Aglaé*. Puissé-je persuader qu'on peut être trompé par les Femmes, après quarantecinq ans, mais que jamais l'on en est aimé ! Ou que si, par un fenomène, on l'est encore, ce n'est qu'un feu peudurable, dont la prompte ét subite extinçeion laisse dans une obscurité profonde l'âme nâvrée, flétrie, après lui avoir présenté la lueur vaine d'un bonheur solide ét sans-fin !

Hélas ! à quel âge m'attendaient ét l'amour, ét la jalousie, ét l'égarement, ét la perfidie, ét les faux sermens, ét les larmes-de-rage, ét les ferremens-decœur, ét les soupirs sanglotés, ét la cruelle insomnie, ét les transports de douleur ét les chagrins, ét le brisement-

XII Partie.　　　　**A a**

1780 de-l'âme, ét l'horrible desespoir !.... Mais, Dieu ! qui n'y eût été pris come moi !... O Toi, qui as passé l'age de plaire, ét qui regardes encore avec plaisir une Fille à l'œil doux ét modeste, Insensé ! fuis ! que crois-tu trouver dans son cœur ? L'Amour ?... Non ! tu n'y dois trouver que l'inconstance, le mépris, le degoût, le desir de te tromper, l'effronterie pour braver tes reproches... Telle fut ÉLISABETH-SARA-DEBÉE-LEE-MAN : telle fut la Fille que je crus tendre, douce, reconaissante, aimable, sincère, constante, fidelle !....

En 1780, j'avais 46 ans, ét j'aimai ! J'aimai !... Pardonéz, Lecteur sevère, je ne suis pas conpable. Si j'ai doné entrée dans mon trop sensible cœur, au fatal poison de l'amour, il fut présenté par une Enchanteresse, à laquelle vous n'auriéz pas plûs resisté que moi.

Depuis 5 ans, mon âme était morte ; elle ne sentait plus que les privacions, la douleur, l'ingratitude, la noirceur, le *denaturel*. Depuis longtemps, je vivais seul ; je ne parlais à Persone ; les tendres épanchemens du cœur, je ne les conaissais plus, ils m'étaient interdits ; mes Amis étaient morts !.... Je restais seul épic isolé au-milieu des guerets, que la faulx du Temps avait moissonés... Je m'occupais le jour : le soir,

triste et solitaire come le Hibou, je sor-
tais de-même, et j'errais dans les ruës,
inconnu à la Nature entiére.   Je me
disais : :: Je suis seul au monde, la Nature m'a créé seul de mon espéce ;   car
je ne rencontre pas mon Semblable,
avec qui je puisse me complaire...   Et
j'alais seul, sans plaisir, sans ennui, sans
amusement, sans me plaindre du sort.
:: Mon cœur est mort, disais-je, et les
Morts ne doivent pas sentir....

J'ai toujours eü les passions vives,
le temperament impetueux, mais le
cœur le plûs tendre qu'il soit possible
d'imaginer, avec beaucoup de constan-
ce.   La 1re Maîtresse que j'ai eüe à l'âge
de 13 ans, *Jeannette*, m'est encore chére.   Ma timidité m'empêcha de lui parler : je ne lui ai jamais dit un mot d'a-
mour ; et cependant je l'aimai plus de 5
ans avec la même vivacité.

La 2de était une Femme mariée, le
chefdœuvre de la Nature, et je l'adore
encore.   ¶ Je vins à Paris, où je fus
libertin : c'est dire que je n'y aimai pas.

En 1765, je vis *Rose*, et je lui dois
l'existence.   ¶ En 1768, je fus tenté d'aimer : mais je croyais avoir le cœur usé :
Je m'éloignai d'Elize, d'une Fille raisonable, dont je ne me croyais pas digne.

En 1772, je fus moins délicat.   Je

A a 2

1780 me regardai come à l'âge où l'on peut badiner avec l'Amour, sans craindre ses traits ; je crus que je pouvais tout oser. Quelques Femmes m'avaient plu a-pe-mi durant cet intervale, et ces demi-passions *à-la-françaïse*, n'avaient servi qu'à me convaincre davantage de l'invulnerabilité de mon cœur. Mais le 9 juillet 1772, en traversant la petite-place *Sainteustache*, j'aperçus une jeune-persone charmante, fuyant quelques Libertins qui venaient de l'insulter : elle me frapa vivement par la douceur de sa fisionomie : la situacion où elle se trouvait, m'interessa plûs vivement encore : je volai à son secours : le danger était passé ; mais elle était fort émuë ; je lui dis les choses les plûs rassurantes, en lui demandant la permission de l'accompagner. C'était *Louise* et *Terèse* ; car en Une étaient les deux.

En 1776, le 23 juin, mon malheur me fit faire conaissance d'une grande et jolie Persone, nomée *Virginie-François*. Un enchaînement singulier de circonstances necessita notre liaison. Je la trouvai adorable, et mon cœur s'attacha en si peu de jours, qu'à-l'instant où je voulus fuir, la chaîne était deja trop forte pour la briser. Je suivis le char de mon Vainqueur. Mais, hélas! que

1780

d'angoiſſes j'eus à devorer ! Autant
Louise était honête ét douce, autant
Virginie était coquette ét decidée. Je
m'aperçus biéntôt qu'elle avait un A-
mant aimé, quoiqu'elle eût tout fait
pour m'engajer. Je crus briser ma chaîne. à-l'aide de cette decouverte : je le
devais : mais la raison ne fut pas la plûs
forte : je ſouffris ſix mois un ſupplice
affreux .... moins cruël que celui que
j'éprouve aujourdhui.

Debarraſſé de cette Coquette par la
fuite, j'alai me jeter dans les bras de
cette anciénne Amie que j'avais conue
en 1768. Je ne l'avais pas aimée, à
proprement parler, mais j'avais été prêt
à l'aimer ; je ne m'en étais éloigné que
par delicateſſe ; j'avais eû ét j'avais encore beaucoup d'amitié pour elle. Je
revis *Elize-Tulout* avec plaiſir ; ét ſi elle
n'intereſſa pas mon cœur, elle occupa
les momens que j'étais accoutumé à
donner à Virginie : Je rompis ainſi mon
habitude de la voir. Je ſentis alors combién l'amitié eſt plûs faite pour les Homes de mon âge que l'amour : J'étais
tranquile auprès de mlle Tulout ; le rire
revenait ſur mes lèvres, qu'il avait quit-
tées depuis ſi longtemps ! Je comptais
m'en tenir-là. J'oubliais inſenſiblement
Virginie, ét je me trouvais heureux,

1780 damoins tranquile, fituacion fouvent
préferable, lorfqu'il vint chez mlle Tulout une Jeuneperfone, nomée *Lisette*,
qui remua mon cœur ét acheva de l'ô-
ter à Virginie. Je ne la vis que trois-
fois : à la dernière, je m'aperçus qu'elle
me plaisait un-peu trop ; ét j'étais encore fi effrayé de ce que je venais de
fouffrir, que je resolus de rompre furlechamp avec Elize. Je ceffai de la voir.
Et j'ai fu depuis.... ô douleur !.... que
je fuyais mes Enfans !...

Je demeurai dans un état de mort,
malade, accâblé de chagrins domeftiqs,
jufqu'au mois d'Avril 1780, que j'eús
occasion de voir une Femme raviffante,
apelée mad. *De-Glançé*, épouse d'un
Avocat. Tout ce que la Nature peut
doner de feduisant, tout ce qu'un beau
naturel ét l'éducacion peuvent ajouter
de qualités ; tout ce qu'un goût exquis
dans l'art de la parure peut fournir de
grâces, mad. De-Glançe le poffedait.
Je fus ébloui, enchanté. Je ne la revis
plus. On fait ce qu'elle m'était....

Ce fut 15 jours après, que comença
l'époque fatale, où je perdis mon repos, ma liberté... Il m'en coûtera peutêtre la vie : car j'aime encore la plûs
dangereuse des Filles.

Depuis 5 ans, j'avais la même Hô-

tesse : Je ne conaissais ni la conduite, 1782
ni le caractère de cette Femme, qui
avait été belle, et que je n'avais jamais
trouvée aimable. Elle avait, lorsque
j'entrai chez elle, une Fille âgée de 14
ans, qui me parut malheureuse : Mais
je n'aprofondis rien : J'etais ému quelquefois, lorsque j'entendais sa Mère
gronder : mais je ne m'informais pas ;
le sexe, l'âge, la figure de Sara-Debee
m'empêchaient d'oser lui marquer de
l'interêt. Cette Fille grandit pendant
les 5 ans : c'est trop peu dire qu'elle
devenait aimable ; elle devint belle,
charmante, ravissante ; elle pouvait passer pour avoir la tête la plûs parfaite,
la tâille la mieux prise qui fût dans la
Capitale. J'occupais l'étage audessus :
je la voyais quelquefois s'apuyer sur le
balcon, et j'admirais sa beauté, ses grâces, son air-de-douceur. Qu'on se représente une grande Blonde faite-au-
tour, ayant les plûs beaux cheveux et
les plûs fournis, les couleurs les plûs
vives et les plûs naturelles, telles que
la rose dont le bouton vient de s'entr'ouvrir ; marchant bien, chantant
agreablement, et l'accompagnant de la
harpe ; portant sur son visage une empreinte habituelle de tristesse, qui la
rendait si interessante, que souvent je

1780 quittais ma croisée les larmes aux ieux. Voila Celle que j'admirais quelquefois: car, les trois dernières années, elle ne venait chez sa Mère que les fêtes. Quoique je la trouvasse aimable, que je sentisse qu'une liaison avec elle eût été charmante, l'éloignement que m'inspirait la Mère, m'empêcha de rechercher la Fille. Je n'entrais jamais chez mad. Debée lorsque Sara pouvait y être, et pendant 4 ans, je ne lui parlai qu'au jour-de-l'an.

Deja le triste Novembre annonçait la fin de l'année : J'étais tranquile dans mon aneantissement. Un-dimanche-matin, on frape doucement à ma porte. Accoutumé à ne recevoir Persone, je n'ouvrais jamais... Prévoyais-je mon sort?... Non, hëlas ! non, je ne le prévoyais pas !... Mon recit va se sentir du desordre de mon esprit et de mon cœur. ¶ J'ouvris : deux Monstres de l'enfer, la Douleur et la Rage, me firent ouvrir. C'était Sara. Quoiqu'en negligér, elle était ravissante, et je la vis avec autant de joie que de surprise. »Je viens, Monsieur (me dit-elle), vous prier de me prêter des Livres : vous en êtes assez bien fourni, et j'aime la lecture ». Je repondis, en lui en montrant à choisir ; ajoutant, Qu'elle serait maî-

treffe de les lire tous les uns après les
autres. Elle paraiffait fi timide, fi crain-
tive de m'être importune, qu'elle en
était encore plûs touchante. Elle refta
peu. En la reconduifant, je la priai de
me permettre un baifer. Sara s'était
fouvenue, à mes vifites du jour-de-l'an,
que j'avais évité fa bouche, ét en cette
occafion-ci, elle f'en reffouvint encore.
Je ne m'en plaignis pas ; je la refpectais
come une Fille aimable, innocente, ou
du moins, fi certains bruits étaient vrais,
come une Victime de l'avidité de fa Mère.... Telle fut la première vifite de
la jeune Sara.

Je ne la revis que le Dimanche fuivant ; car elle était alors chez une Maîtreffe pour apprendre les dentelles. Sa
Mère l'y avait mife *adroitement*. Ce mot
fera expliqué. A fon retour à la maifon, elle vint fraper à ma porte, come
la première-fois : Je reconnus fa manière, et tranfporté, je courus ouvrir. Elle
me raportait mes Livres ; mais d'un air
qui témoignait affez l'envie flateufe de
les garder. Je l'en priai, en lui en don-
nant de nouveaux. C'était une bagatelle ; mais elle en parut fi penetrée de
reconaiffance, que je fus touché de fes
remercîmens : Le tendre intérêt qu'elle
m'avait toujours infpiré, fe fit alors fen-

tir avec une effráyante vivacité. Je hasardai quelques careffes, qui furent ac-
cueillies avec cette modefte rougeur, le
feul fard qui augmente la beauté. Sara
paraiffait l'innocence même, ét fa timidité augmentait la naïveté de fes charmes.

Le Dimanche fuivant, elle ne manqua
pas de monter chèz moi ; à chaque fois,
c'était de ma part un nouveau présent
de Livres : mais la reconaiffance de Sara
alait plûs-loin que ma generosité. Ses
charmes, fa jeuneffe excitaient mes desirs ; j'avais apris fur fon compte, depuis fes visites, certaines anecdotes qui
m'euffent enhardi ; mais l'honête timidité de fa conduite m'y rendait incre-
dule : Je refpectai fon innocence ; je lui
marquai de l'eftime, du refpect ; j'etais
prêt à lui marquer de l'attachement.
Elle le fentit, ou fa Mère le fentit pour
elle. Car, dès que j'en fus à ce point,
Sara me fit des visites plûs frequentes
ét plûs longues. Elle me montra dabord des Chanfons très-bién choisies ;
elle me chanta celles qui avaient du raport à fon fexe, à fon âge, ét à la fituacion qu'elle voulait prendre avec moi.
J'etais enchanté de fa familiarité. Si
l'on a les fens moins combuftibles, à
quaranteçinq-ans, le cœur eft beaucoup
plûs tendre ; ét plûs la Femme eft jeune,

plûs l'émocion eſt vive ét delicieuſe. 1780
Qu'on juge de ma ſituacion, en voyant
la plûs jolie bouche, en entendant une
voix intereſſante me dire :

> Mon cœur ſoupire dès l'aurore ;
> Le jour, un-rién me fait rougir ;
> Le ſoir, mon cœur ſoupire encore ;
> Je ſens du mal ét du plaiſir :
> Tout à mon âme te rapelle ;
> Je joüis de mon erreur :
> Hâ ! dis-moi, comment on apelle
> Ce qui ſe paſſe en mon cœur ?
>
> Je rêve à toi, quand je ſomeille ;
> Ton nom m'agite, il me ſaiſit ;
> Je penſe à toi, quand je m'éveille ;
> Partout ton image me ſuit :
> Tout à mon cœur te rapelle ;
> Je joüis de mon erreur :
> Hâ ! dis-moi comment on apelle
> Ce qui ſe paſſe en mon cœur ?
>
> Quand tu parles, ta voix touchante,
> Dans mes ſens porte le plaiſir :
> Ton aſpect me trouble ét m'enchante ;
> Je te cherche ét voudrais te fuir :
> Tout à mon cœur te rapelle ;
> Je joüis de mon bonheur :
> Hâ ! dis-moi comment on apelle
> Ce qui ſe paſſe en mon cœur ?

,, Vous chantéz avec le ton du ſentiment, lui dis-je : auriéz-vous le cœur
auſſi ſenſible, que votre voix eſt touchante ? ,, Vous ne me feriéz pas cette
queſtion, ſi vous me conaiſſiéz mieux :
mais j'eſpère que vous me conaitréz

1780 un-jour, et que notre liaison, comencée
tard, ne finira jamais. ,, Voila ce que
votre jolie bouche pouvait me dire de
plüs agreable! ,,Tenez, voici une Chanfon anciénne; elle peint mes fentimens

> A notre bonheur l'amour préside;
> C'eft lui qui nous choifit nos Bergérs;
> Des agrémens du Temple de Gnide
> Il decore nos rians vergers:
> C'eft-là qu'il reçoit nos facrifices,
>   Sous les doux hofpices
>   Des tendres desirs;
> Et fur fes autels l'encens qui fume
>   Jamais ne f'alume
>   Que par nos foupirs.
>
> Du fragile agrément d'être belle
> Nous ne tirons point de vanité:
> Ches nous les attraits d'un cœur fidèle
> L'emportent fur ceux de la beauté:
> Auffi nos Bergérs, dans leur homage,
>   N'ont point le langage
>   Des trompeurs Amans;
> Leur talent eft de peindre à nos âmes
>   Les plûs vives flâmes
>   Par les fentimens.
>
> Nous baniffons les triftes alarmes;
> Aux tourmens notre cœur eft fermé:
> Si notre Berger repand des larmes,
> C'eft du plaisir de fe voir aimé:
> Plûs il eft fûr de notre tendreffe,
>   Et plûs il f'empreffe
>   De la mer ter.
> Ce feu delicat qui nous anime,
>   Nourri par l'eftime,
>   Ne fait qu'augmenter.

Aux

Aux douceurs d'une juste esperance,
Un Bergér constant doit se livrer;
L'instant viént où notre resistance,
Dans les vrais plaisirs doit expirer.
Mais l'Amant à qui l'on rend les armes,
   De vives alarmes
   Doit nous préserver;
Et plûs constant après sa victoire,
   Il trouve sa gloire
   A la conserver.

,, Voila une douce morale! (lui dis-je). ,, C'est celle de la Nature. ,,Vous avez de l'esprit ét de la filosofie! ,, J'ai vu un-peu de monde; je vous conterai cela quelque-jour: Je me suis trouvée à dîner avec Maman, à de très-belles tables: J'ai quelquefois passé huit jours dans une jolie maison-de-campagne, à quelques lieues de Paris, chéz un Magistrat-de-cour-souveraine, où il venait du beau-monde: Vous savéz d'ailleurs que j'ai été au Couvent... J'ai été tentée de faire une pièce.... mais bagatelle, come est l'esprit des Femmes. ,, Une pièce! Il faut conaître le Teatre! ,, J'ai été très-souvent au Spectacle, ét c'est ce qui m'a formée: j'y aurais été plûs souvent: mais Maman s'ennuie aux bons Spectacles; elle n'aime que *Nicolët*; *Audinot* est même trop relevé pour elle; ou si vous voulez ,,... Elle n'acheva pas: mais j'ai presumé depuis, qu'elle avait pensé, *trop decent.* ,, Il

XII Partie.   B b

faut essayer vos talens , ma belle Sara? ,,Je les réserve pour quelque-chose de plus important. ,,Come quoi? ,,Pour mériter votre estime. ,,Hâ! charmante Sara!.... ,,Badinage à-part, quoique ma réponse soit très-sérieuse, je me reserve pour écrire un-jour ma vie, lorsqu'à l'aide de vos sages entretiéns, mon esprit sera plus mûri. ,,Vous me flatéz beaucoup, Sara! mais je serais enchanté de voir votre Vie; non pour satisfaire une indiscrète curiosité, mais parce que je m'intéresse vivement à vous. Une autre fois, elle me pria de lui faire une chanson, sur l'air *O ma tendre Musette*. ,,Je conais une Demoiselle, à qui un Home-d'esprit en fait; rièn n'est si flateur, que de chanter ce qui a été fait pour nous. ,, J'en convins, et je lui promis d'y faire mon possible. ,,Je sais un autre Monsieur (ajouta-t-elle), qui est d'une Société où les Dames donent aux Homes une tâche, qu'ils sont obligés de remplir. ,,Hé! quelle tâche? (lui demandai-je en riant). ,,C'est une *Nouvelle*, dont Celle qu'ils aiment soit l'Heroine, sous un nom supposé... J'ai une de ces *Nouvelles* en manuscrit; je vous l'apporterai à ma première visite, et vous m'en diréz votre sentiment,,. Je la remerciai, en lui témoignant la

plüs grande envie de voir sa *Nouvelle;*
me proposant, tant j'étais épris deja,
de faire auffi une *Nouvelle*, fi je ne
pouvais rimer une chanson.

Come le lendemain était le 8 Decembre, ét par-conféquent fête, Sara ne
quitta pas la maison de fa Mère, ét elle
m'aporta fa *Nouvelle* le matin. Je la
trouvai fi mediocre, que je ne desefpe-
rai pas de faire mieux. Je ne fa rap-
porterai pas.

„ Je vous promets, Mademoiselle,
lui dis-je, lorfqu'elle eût achevé de lire,
de faire auffi une *Nouvelle*, non de ce
qui eft arrivé, mais qui foit la peinture
fidelle des fentimens que vous m'infpi-
réz. Je vous protefte d'avance, que,
fuffé-je amoureux de vous à la fureur,
je ne vous aimerais que pour vous-même, ét que dés que j'aurais decouvert
un Home capable de vous rendre plüs
heureuse que je ne le ferais, je lui cede-
rais la place. C'eft ce que je me propose d'exprimer dans une *Nouvelle*, que
je vais comencer dés le moment où je
ferai privé du bonheur de vous voir.
„ Hâ! que j'aurai de plaisir à la lire „!
repondit Sara, en preffant une de mes
mains dans les fiénnes.

Je tins parole à ma Jeune-voisine. Je
me mis à l'ouvrage dés le foir même,

1780 ét je terminai la *Nouvelle* dans la semaine ; de-sorte qu'elle était toute prête
pour la lire à Sara le Dimanche. Mais
ce qu'il y a de particuliér, c'est que
cette *Nouvelle* fut écrite en Decembre,
ét que je la realisai dans tous ses points,
le denoûment excepté, au mois de Mars
suivant : Sara en est la veritable Heroine, sous son premier nom d'Elisa-
beth, abregé par *Elize*; j'y fais le rôle
de *Parlis*, ét en la plaçant ici, je racon-
terais des faits réellement arrivés.

Sara, lorsqu'elle fut montée chéz
moi, me montra la plüs vive amitié,
une confiance sans bornes : Quand je
lui dis que la *Nouvelle* était faite, qu'
elle était intitulée, LES DEUX-CINQUAN-
TENAIRES, elle me pressa de la lire avec
elle ; ét pour me rendre cette lecture
plüs agreable, elle se mit sur mes genoux. „Voyons, voyons (disait-elle)
ce que vous feriéz si vous m'aimiéz, ét
qu'Un-autre m'aimât? Pour moi, je
sais bién ce que je serais : mais je n'en
suis pas moins curieuse de conaitre toute la generosité de vos disposicions „.
Je començai à lire, aprés avoir pris un
baiser à l'Enchanteresse :

„Jucundissimum est in rebus humanis amari; sed
„non-minùs amare „.

Trajani Panegyricum Plinii.

„ Que veut dire ce latin? „ C'est un
paſſage du Panegyriq de l'Empereur
Trajan, par *Pline le jeune:* Cela ſignifie, „ Le plaiſir le plüs doux de la vie,
„ c'eſt d'être aimé: mais il ne l'eſt pas
„ moins d'aimer auſſi „. „ Pline a raison... Voyons votre *Nouvelle* „?

Nous la lûmes: C'eſt (je le repète),
l'hiſtoire trop réelle de ce qui arriva en
Mars, à l'excepçion du denoûment.

„ Mort de douleur! (s'écria Sara,
quand j'eûs prononcé le dernier mot).
Hâ! Mr Nicolas, vous n'avéz pas imaginé ſans-doute, que je me ſerais donnée à Un-autre, ſachant que vous m'ai-
méz? „ Pourquoi non; ſi c'était votre
avantage „? Sara me regarda d'un air
de reproche, qui ſignifiait, *Ingrat, tu
ne me rens pas juſtice!* Je me jetai ſur
ſa main, que je baisai. Sara aprocha
ſes lèvres de rose de ma joue; j'en ſentis l'impreſſion delicieuse, et je ſus enivré de bonheur...

Nous avions, depuis quelques inſtans, un entretién-muët charmant: La
verité du ſentiment paraiſſait dans les
regards de Sara, et moi, j'étais ſous le
charme, lorſqu'on frapa rudement à ma
porte. Come j'avais une Jeune-perſone
chéz moi, je courus ouvrir: c'était la
Mére de Sara. Elle entra, en tenant

une Lettre à la main : ,,Je viéns vous voir auffi (me dit-elle avec un agreable fourire): Voyéz cette Lettre, que je reçois à-l'inftant ,,. Elle me preffa de la lire, ét fur un figne qu'elle fit à fa Fille, Sara nous quitta.

,,Je vous ai envoyé ma Fille volontiérs (me dit-elle); fur la demande qu' elle m'en a faite cependant ; c'eft pour que vous tâchiéz de gâgner fa confiance, ét de conaître fes difpoficions : Elle eft fi diffimulée avec moi, fans-doute parcequ'elle me craint, car je l'ai élevee fevèrement, qu'elle ne peut, ou qu'elle n'ose me dire fa penfée. Voici ce dont il s'agit. Il y avait ici, l'été dernier, un Jeune-home que vous y avéz vu ; c'eft M.-*Delarbre*. Ce Jeune-home me l'avait demandée en mariage. J'y avais confenti ; mais j'ai obfervé depuis, qu'il eft fans établiffentent. Il me doit fa penfion, pour le témps qu'il a demeuré chéz moi ; cette Lettre eft de fon Père, qui me propose d'aler dans fon páys. Voyéz ; lisez-la : Mon intenfion est de refuser nettement fon Fils, ét de lui demander mon paiement : mais je voudrais que la Réponfe fût bién tournée, ét bién piquante ; par deux raisons, qui font de bleffer affez fon amour-propre, pour qu'il empêche fon Fils de fonger

à ma Fille, ét qu'il me páye furlechamp.
Faites-moi cette ʀeponfe, je vous en
fuplie; j'ai confiance en vous. Je vous
prie enfuite de conaître à-fond les difpoficions de ma Fille, ét de vouloir
bién m'en inftruire: Je vous la ren-
verrai dans l'après-dînée, fous quelque
prétexte, come d'un Livre, que vous
avéz oublié de lui doner ».

Je fus charmé de cette marque de
familiarité: Mais j'étais en ce moment
encore fi desinterefté, à ce qu'il me fem-
blait, que je resolus de ne pas faire la
ʀeponfe, que je n'euffe parlé à la Demoiselle: j'aurais été faché de la brouil-
ler avec un Amant qu'elle aurait aimé.

Elle revint en-effet à fix heures du
foir: Elle paraiffait plus embarraffée
qu'à-l'ordinaire; car elle me demanda
beaucoup de pardons de me deranger.
Je lui repondis, que c'était l'heure à
laquelle je quittais le travail, ét que je
ne pouvais en être plus agreablement
diftrait, que par le charme de fa présence... Puis entrant en matiére, je
lui dis: » Mademoiselle, je fuis chargé par ᴍᴀᴅ. notre Mère, de faire ʀeponfe
au Père de ᴍ. Delarbre: Mais je ne
voudrais pas m'acquitter d'une comiffion qui ferait desobligeante pour vous »?
J'attendis fa reponfe. Sara baiffa les

1780 ïeux en rougiſſant, ét me chargea de
remercier abſolument M. Delarbre-fils:
,, Vous le pouvéz, Monſieur (ajouta-t-elle)
ſans me deſobliger, je vous aſſure! je le
mépriſe trop pour le regretter: Lorſqu'une-fois on m'a manqué eſſencielle-
ment, je n'en reviéns plus ,,. Cette reponſe me donait carte-blanche, ét ſans
m'ïnformer des torts du pauvre Delarbre, torts que je crus fort graves, je fis
une Lettre telle que la deſirait la Mère.
J'en écrivis plusieurs autres au Père de
ce Jeune-home, pour preſſer le paiement de la penſion, ét on m'obligeait
à les tourner très-durement.

Cependant, je voyais Sara toutes les
ſemaines pendant deux ou trois jours;
car elle venait le dimanche matin, ét
ce n'était que le lundi, quelquefois le
mardi, qu'elle ſ'en retournait chéz ſa
Maîtreſſe. Au renouvellement de l'année, nous n'étions pas encore des Conaiſſances aſſéz familières, pour que je
hasardaſſe un préſent de quelque va-
leur. Je fesais des reflexions ſur mon
âge, ét malgré la confiance avec laquelle
Sara me parlait, je ſentais que je ne
pouvais être qu'un Père à ſon égard,
aulieu d'un Amant. Ce fut la première
de ces qualités que je lui offris, dans
les termes les plüs affectueux. Elle y

repondit d'une manière charmante, mais avec retenue. ,,Oui (me dit-elle, le premier jour de l'année), soyéz mon Père, puisque je suis abandonnée de Celui que la Nature m'a donné. Començons une liaison si agreable pour moi, avec cette nouvelle-année : qu'elle me soit plûs favorable que les dernières ,,!... Elle jeta sur moi un regard touchant, et deux larmes humectèrent sa paupière. Je la pressai contre mon cœur : ,,Ma chère Fille! ,,Mon bien-aimé Papa!... ,,Auriéz-vous des peines?... Parle, ma Fille, quelque-chose te chagrinerait-il? ,,Hâ! que j'aime ce ton! vous me tutoyéz! il me semble que j'en suis davantage votre Fille. ,,Aimable, charmante Enfant! ,,J'ose me promettre un heureux avenir de notre liaison : vous seréz mon Père, mon Guide, mon Protecteur. ,,Hâ! ma chère Fille! je crains d'être aussi ton Amant! ,,Quand cela ferait ,,?... En achevant ce mot, Sara cacha sa rougeur dans mon sein. Je lui donai deux baisers ; et elle m'en rendit un, qui ne finit pas si vîte ; son visage resta cole contre le mién... La situation était trop delicieuse, pour qu'elle m'ennuyât : Mais enfin, je me sentis inondé des larmes de ma Jeune-amie. Surpris, effrayé,

1781 je l'enlevai dans mes bras: ,,Qu'as-tu,
ma chère Fille? repons à ton Papa?
,,Une autre-fois. ,,Ne serais tu pas
heureuse? ,,Heureuse, moi! ,,Hâ!
je l'ai toujours présumé!... Fille si digne du bonheur! Fille parfaite! tu serais malheureuse!.... Regretterais-tu
ton Amant? ,,Ne m'en parlez pas; je
le deteste. ,,Quelle est donc la cause
nouvelle?... ,,Nouvelle! elle ne l'est
pas... Vous conaissez ma Mère! ,,Oui,
repondis-je précipitanment, ét ... mes
sentimens pour vous deux sont absolument contraires: Ici, toute mon estime, toute mon amitié, toute ma tendresse:... Là (designant la Mère), tous
les sentimens opposés ,,.... Nous n'en
dimes pas davantage à cette visite: Sara
s'était oubliée auprès de moi; elle se
leva précipitanment. ,,Je serai gron-
dée! ,,Pourquoi? elle consent à vos
visites... ,,Vous ne savez pas tout!...
Adieu ,,. ¶ Le jour *des-Rois* étant arrivé, l'envie d'amuser Sara me fit offrir
une colacion pour tirer le gâteau. Je
me fesais une fète de doner ce petit re-
gal à ma Jeune-amie, qui devait rester
plusieurs jours à la maison, la fète tombant un samedi. En-effet, cette soirée
fut une des plus agreables de ma vie,
sans en excepter les temps heureux de

ma jeuneſſe, lorſque j'aimais, et que j'avais droit de m'attendre à l'être. Nous étions quatre à table, Sara, ſa Mère, le *Pro-mari* de Celle-ci, nomé *De-Florimond*, et Moi. Il ne ſe trouva pas de fève, parceque probablement elle était tombée au Pro-mari, qui la fit diſparaître. Il n'y a rien qui familiarise autant que de manger ainſi enſemble, et ce jour avança plus notre liaison, que nos entretiéns pendant ſix ſemaines, qui ſ'étaient écoulées depuis la première viſite de Sara. Nous dînames enſemble le lendemain. Sara vint m'inviter de la part de ſa Mère, et j'avais pris quelques précaucions, ayant eú envie de m'inviter moi-même. L'entretién que nous eûmes, le matin de ce jour-là, fut encore plus confiant que celui de la veille : Sara me parla avec une verite intereſſante, et mon cœur, ſans que je m'en aperçuſſe, prenait toute la tendreſſe dont il était ſuſceptible. J'étais doublement dans la bonne-foi : Sara ne me paraiſſait pas dangereuſe ; elle n'était pas parfaite, même à mes ïeux prévenus ; je deteſtais ſa Mère depuis longtemps ; enfin je ſongeais à mon âge, et depuis mon avanture avec *Virginie*, je ne croyais pas qu'il fût poſſible que mon cœur s'attachât... Je me pro-

1781 mettais bien, furtout depuis ma conaiffance avec Sara, d'éviter toute Fille
que je ferais tenté d'aimer. Notre dîner
fut auffi agréable que la colacion de la
veille : Sara y fut charmante, ét come
je lui avais montré, à fa vifite du matin,
dans la L.^me *Nouvelle* des *Contemporaines*, l'endroit où *Adeline* pose a table
fon pié fur celui de fon Amant, elle
l'imita en ce point... Coment, un Prefque-cinquantenaire aurait-il refifté !
Plüs nous vieilliffions, hêlas ! ét plüs il
eft facile à une Jeune-perfone de nous
tourner la tête... Nous jouames dans
l'aprésdinée, ét je me retirai fur les
5 heures, pour me remettre au travail.

A fept ét demie, Sara fe fit entendre
à ma porte. J'y volai. Elle entra d'un
air d'amitié qui me ravit. Nous causames de fes amours avec Delarbre.
Elle ne convint pas de l'avoir aimé ;
mais elle f'étendit fur les marques d'une
véritable tendreffe qu'il lui avait don-
nées. Elle me fit enfuite entendre, que
la chose qui l'avait irritée contre lui,
c'eft qu'après fon départ, au mois de
feptembre, il avait été quinze jours fans
lui écrire. Je m'étais imaginé, qu'il
avait eú des torts plüs grands (ét je le
crois aujourdhui). Je hasardai des careffes, qui ne furent point mal accueil-
lies,

lies, ét ce fut ce jour-là, que, dans la 1781
converfacion, je l'affurai, que je ne veu-
drais pas, f'agît-il de mon bonheur, porter atteinte à la vertu d'une Fille honête; que j'avais une probité trop delicate
pour abuser de la confiance d'une Mére, ét de celle de fa Fille : Mais j'ajoutai, je ne fais pourquoi, que je n'aurais
pas les mêmes fcrupules avec une Fille
deja entâmée... (Oui, je tins ce difcours imprudent! mais j'en ai porté la
peine!...) Sara me repondit, en m'af-
furant qu'elle avait fon innocence premiére. „ Ce titre eft facré pour moi,
lui dis-je, Fille aimable; je ferai votre
ami, votre tendre Père, ét rien de plus;
mais je ferai tout cela fi parfaitement,
que je ne vous laifferai rien à desirer,
Sovéz ma Fille cherie : le voulez-vous?
„ Oui, mon Papa, je le ferai. „ Puis-je
compter fur votre attachement, pour le
refte de ma vie? „ Je ne change jamais,
quand le merite a determiné mon pan-
chant. „ Ma chére Sara, c'eft fur ta
generosité, non fur mon merite, que je
veux compter „. J'osai lui prendre un
baisér fur la bouche : elle f'y opposait
un-peu ; mais à ma priére, elle me le
rendit, ét j'en pris mille enfuite. Je
venais de la tutoyer come Amant; je
voulus l'engajer à en faire de-même.

XII Partie. C c

1781 Elle hesita ; enfin, elle refusa de me doner cette marque de familiarité. Nous soupames ensemble.

Si tous mes Lecteurs devaient être affectés come moi, je ferais un *Journal*, et il ferait affés interessant ; il montrerait la gradacion de cette paffion imperieuse et crüelle, qui nait en nous fans confulter la raison, et que la raison, foutenue du mépris, de l'indignacion, ne reüffit pas toujours à detruire.

La Mère de Sara l'aperçut aisement de la paffion naiffante que m'infpirait fa Fille. Le lundi, j'alai faluër les Dames le matin, à ma première fortie ! ,, Nous dînerons enfemble, me dit la Mère : faites vos affaires ; nous ne nous mettrions à table qu'à trois heures, ou même plüs tard ; et en fortant de table, nous irons à une Comedie-bourgeoife. Cela ne fera pas fupetbe ; ce font des Acteurs du comun ; mais nous rirons. Dailleurs, j'ai des billets de l'Auteur d'une pièce nouvelle qu'on y donera ; il a été mon Penfionaire, et je ne veux pas le desobliger ,,. J'acceptai avec tranfport, ravi d'avoir une journée de plüs la compagnie de ma chére Sara. Nous partimes d'affez bonne-heure. En chemin, Sara me dit : ,, Je vous demande de l'indulgence pour l'Auteur : Maman

1781

vous a trompé, en vous disant que la
pièce est d'Un de ses Pensionaires. Elle
est d'une Fille de ma Maîtresse, de mlle
Amei l'aînée : j'en ai une copie, dont
je veux vous faire présent : Soutenéz la
pièce, je vous prie „! Je le promis.

Arrivés au Teatre, nous fumes pla-
cés très-avantageusement. On dona dabord un Drame de M. *Mercier*, le *Dé-
serteur* : Je n'avais pas encore vu représenter cet Ouvrage, plein de force et de
pathetiq ; il fit sur moi une impression
prodigieuse. Pour Sara, elle en parut
encore plus affectée, et ses larmes donaient aux miennes plus de douceur :
On joua ensuite un petit Opera-comiq,
On ne s'avise jamais de tout : Enfin la
pièce nouvelle. Le comencement ne
me toucha pas beaucoup. Sara me regardait en tremblant : J'ignorais l'interêt qu'elle prenait à la pièce, je ne cherchais point à la faire valoir ; j'oubliais
qu'elle m'en avait prié. J'étais dans
ces disposicions, quand je trouvai un
endroit delicieux, que j'aplaudis avec
transport. Sara me pressa la main ; elle
me dit, Qu'elle se mourait d'envie de
m'embrasser. Je lui dis que j'avais le
même desir. „ Coment trouvéz-vous
la pièce ? „ Charmante. „ Vrai ? „ D'honeur. „ Elle est de moi „. A ce mot,

1781 je fus tranfporté. Je croyais bién que
Sara avait de l'efprit, mais je ne l'aurais
jamais foupçonée d'être l'Auteur de la
piéce, quoique ce fût une vraie mifère.

Je fis mille complimens à Sara, en
vantant fon efprit et fes talens : Tout le
monde vint la feliciter fur fa jolie Bagatelle ; mais elle ne parut fenfible qu'à
mon approbacion. Nous revinmes ; et,
favorifé par l'obfcurité, je la tins dans
mes bras pendant la route.

„ Je fuis aimé d'une Femme-d'efprit,
jeune, belle, penfais-je, et je l'adore ;
quelle felicité m'attendait au foir de ma
vie „ ! Le refte de la foirée, je fus dans
l'ivreffe : Et come au comencement
d'une paffion, tout femble la favorifer,
la Mère de Sara et Florimond fe retiré-
rent de bonne-heure, en nous difant,
Que nous pouvions caufer le refte de
la foirée, fi cela nous amufait „.

Nous ne demandions pas mieux.
„ Charmante Fille ! dis-je à Sara, votre
merite m'enchante ! qui vous eût foupçonée, à votre âge, d'avoir tant de ca-
pacité ! „ Je vous ai deja dit, que j'ai
vu un certain monde : Nous avons demeuré quelque-temps, ma Mère, ma
Sœur qui eft morte, et moi, chez un
Home fort riche, qui protegeait mon
Père ; j'ai reçu-là une certaine éduca-

cion : Mais ma Sœur me furpaſſait ; 1781
elle vous aurait enchanté. ,,Non pas
autant que vous... Chére Sara, eſt-il
vrai que vous conſentez à être mon a-
mie, ma conſolacion? ,,Oui, oui, oui:
vous ferez auſſi mon ami et ma conſolacion : je veux que l'intimité régne
entre nous. ,,Elle fera mon bonheur :
donnéz-m'en quelque ſigne, ma Sara?
,,Quel ſigne? ,,Tutoyéz-moi? ,,Hâ!
mon Pére! ,,Une Fille bien tendre tu-
toie quelquefois... ,,Si je le ſavais....
,,Rien n'eſt plüs certain... Alons, dis-
moi :: Papa, je t'aime de tout-mon-
cœur. ,,Papa, je vous... je v.... Ce
tu ne veut pas venir ſur mes lévres. ,,Je
vais les en punir... Voyons à-present?...
,,Papa, je v... je t... Papa, vous aime,
et je t'aimerai toujours. ,,Je t'adorerai
juſqu'à mon derniér ſoupir, ma jolie
Sara. ,,Aimable Papa, mon derniér
ſoupir fera pour *toi.* ,,Le voila ce mot
charmant! tu l'as dit! ,,*Tu* l'as entendu!... ſ'il te fait plaiſir, *tu* l'entendras...
tous les jours... ,,Hâ! plût-à-dieu!...
,,Que je *te* verrai ,,.

Le mardi, vers les dix heures, la jolie Sara ſ'en-retourna chéz ſa Maîtreſſe.
Aprés ſon depart, la Mére monta chéz
moi. ,,J'ai à vous parler (me dit-elle),
au ſujet de ma Fille. Vous voyéz com-

bièn elle a de merite !   Je ne veux pas
la doner à ce morveux de Delarbre !...
Vous a-t-elle confié fes fentimens à fon
fujet? ,,Elle n'y penfe plus (repondis-je), ét vous pouvéz difposer d'elle ;
je vous en affure : ,,En êtes-vous bièn
certain ? ,, Je crois l'être, Madame.
,,Hé-bién, j'en doute encore. Mais fu-
posons-le ! Il faut que je vous dise ma
posicion actuelle. Dabord, je vous
anonce, moi, que je n'ai pas de préjugés.... Voici donc ce que je voulais
dire. Un M. *De-Vefgou*, qui me conaît depuis 15 ans, offre de doner à ma
Fille vingtmille francs une-fois payés ;
non pour qu'elle foit fa Maîtreffe ; fes
vuës font honêtes ; il lui fervira de Père, fi elle ne veut que cela de lui : peutêtre, fi elle y confentait, ferait-il fon
Amant ;... mais il ne l'exige pas. Ma
Fille refuse abfolument d'accepter : fi
vous pouviéz l'y determiner ?... Je fuis
d'une fanté chancelante, quoique j'àie
l'air de me bièn porter : fi elle venait
à me perdre fubitement, que devién-
drait-elle ?... Au moyén de la fome que
veut lui doner cet Honête-home, ancién protecteur de fon Père, elle pourrait fe faire une rente fur fa tête ; car
jamais elle ne veut fonger au mariage :
(Il faut obferver que je n'étais pas ma-

riable, moi, confident de la Dame); 1781
et avec ce que je lui laiſſerai, elle aurait aſſéz pour ſubſiſter honêtement.
Le temps ſ'écoule ; la beauté paſſe ; de-
terminéz-la, je vous en prie : ,, Je n'ose
vous promettre (repondis-je, étoné de
la comiſſion qu'elle me donait), de la
determiner, dans une chose auſſi ſcâ-
breuse, et où les aparences ſont contre
les bones-mœurs : Cependant, la confiance que j'ai en vous, me fait croire
que le fond est pur. ,, Vous ne pouvez
en douter : d'ailleurs, ſi vous le vouléz,
vous dîneréz avec M. De-Veſgou, que
j'inviterai l'un de ces jours ; nous par-
lerons librement devant vous, aprés
que je l'aurai aſſuré de notre intimité :
vous l'interrogeréz, et vous jugeréz par
vous-même ,,. J'acceptai la proposicion, et nous changeames d'entretién.
Mais, dans un moment où il était queſtion de moi, elle me dit : ,, Vous, par
exemple, c'est domage ! vous êtes dans
la maison ; cela ne paraîtrait pas ,, ! Je
fus plûſ-que ſurpris de ce langaje ſin-
gulier, ma ſortune étant très-bornée !
Je ne parus pas goûter ſon projet, qu'
elle me fesait entrevoir aſſez clairement, et j'eús dans l'idée, que l'*Honête-*
home aux vingtmille-francs était une
forte d'Emule ſupoſé, qu'on me pré-

sentait, pour me faire parler : Mais il
était réel ; il n'y avait que les vingt-
mille-livres et l'honêteté des vues, qui
fussent chimeriques.

D'après cet entretién, je me tins, ou
je crus me tenir sur mes gardes, au
sujet de Sara. Cependant j'atendis le
Dimanche avec impacience, surtout les
derniers jours. Ceci aurait dû m'ins-
pirér de la defiance sur mes sentimens,
deja trop tendres : Mais ce qui me ras-
surait, c'est que je n'étais pas fâché de
voir partir Sara, lorsqu'elle s'en retournait chéz ses Maîtresses ; je croyais bonement que je m'ennuyais de sa vue :
c'était bien une autre cause qui agissait
sur moi ! les sensacions qu'elle me causait, étaient si delicieuses et si vives,
qu'elles fatiguaient mes organes ; c'était
le besoin de repos, et non l'ennui, qui
me fesait desirér quelquefois le depart
de Sara !... Cette erreur funeste établit ma securité ; car je devais, plûsque
jamais, redouter l'amour...

Sara revint chéz sa Mère dès le samedi soir. Un-instant après son arrivée, elle monta me rendre visite. Je
la reçus en Amant, plutôt qu'en Père :
mais je ne le sentais pas... *O si mens
non læva fuisset !*... „Je ne puis restér
avec toi qu'un-instant, Papa : mon em-

preſſement à venir te voir, a paru ſur-
prendre ; je ſerai ma visite courte, afin
que l'on croye qu'elle n'eſt que de po-
liteſſe. ,, Charmante Enfant ! tu as autant d'eſprit et de delicateſſe, que de
beauté ! Je t'adore... Je te cheris (dis-
je auſſitôt, en me reprenant) : je t'aime
en tendre Père !... Va, ma Fille, retourne auprès de ta Mère et de Florimond ; que ta reputaciou, même à leurs
ïeux, ſe conſerve auſſi pure, que tes charmes ſont touchans ,, !... Après l'avoir
tendrement embraſſée, ſuivant la nouvelle manière qu'elle m'avait permiſe à
ſa dernière visite, je la renvoyai, avec
un nouveau préſent en Livres : ,, Voila
une exellente excuse ! (lui dis-je) : tu
repondras, ma chère Fille, que tu n'a-
vais plus rien à lire, ét que tu t'es hâtée
de me venir demander ces Livres ,,.

J'alai paſſer la ſoïrée avec elle.

Le lendemain Dimanche 13 janviér,
Sara vint me voir ſur les onze heures.
Emporté par ma paſſion, je pris avec
elle, une liberté decisive : Elle rougit ; mais à-peine fit-elle de la resiſtance.
Cette dernière circonſtance me frapa,
ét m'enhardit : Cependant je me contentai de lui faire des careſſes. Elle
me tint les diſcours les plus ſenſés, les
plus affectueux. Je lui parlai des vingt-

1781 mille francs, ét je lui demandai, Si elle croyait pouvoir les accepter, sans se faire tort? (Je disais cela bonément à une Fille, qui venait de souffrir une liberté décisive! mais j'ai toujours été bonace). Sara baissa la vue, rougit, s'assit, ét je vis des larmes dans ses ieux. Je la pressai de me repondre. „Hâ! si j'osais parler „! Je redoublai mes instances. Elles furent inutiles. Je lui fis les plûs tendres caresses, ét elle y repondit; ensuite elle prit un air riant: „je vous dirai, que ma Mère ét moi, nous avons eú ce matin une dispute à votre sujet. „Hâ! ma charmante Amie! coment cela? „Ma Mère me disait: :: Sais-tu bien, ma Fille, que Mr.-Nicolas a été bel home, ét qu'il l'est encore? si j'avais une Inclinacion à faire, je le préfererais, par goût? „Je ne veux pas, Maman! „Pourquoi? „C'est que je le prens pour moi. „Nous verrons qui l'emportera; je l'aime beaucoup; je suis plûs belle femme que toi; tú ne me vaudras jamais. „Je sais ce que vous étes, ét ce que je suis; c'est pourquoi je ne veux pas que vous lui fassiez des avances. „Nous verrons, nous verrons. „C'est tout vu; je veux m'en faire aimer. „Et quel moyén prendras-tu? „Mais le bon moyen. „Tu

l'aimeras? ,,Hô! je ne l'aimerai pas. 1781
,,Tu l'aimes? ,,Si ça était? ,,Dame,
en ce cas, écoute donc, je pourrais
bien échouer. ,,Hô-bien oui, mais je
vous crains toujours. ,,Je t'assure,
Sara, que je l'aimerai. ,,Je vous assure, Maman, que moi aussi. ,,Je ne
sais si je dois ceder; car enfin, tu n'es
qu'une Morveuse; et tu ne sauras pas
conserver un cœur come celui-là? ,,Hé-
bien, essayez-en? ,,Hâ-oui! j'irai exposer un Ami, mon plus ancien Locataire, l'Home que j'estime le plus, aux
chagrins que pourrait lui causer une
Jeune-tête de 18 ans! ,,J'en ai 19:
je voudrais en avoir 25. ,,Va, va,
tu n'es pas trop jeune pour plaire; ce
n'est que pour être constante. ,,Je le
ferai. ,,Si j'en étais sûre... ,,Soyez-
le, Maman: j'ai trouvé l'Home qu'il
me falait,,... ¶ Sara fut interrompue
en cet endroit, par sa Mère. qui vint
encore nous trouver, pour me prier de
faire une nouvelle Lettre, plus *sèche*
que la première, au Père du Jeune-
Delarbre. Je pris la plume, et la Mère
et la Fille me quitièrent, pour me laisser écrire. ¶ Je dînai avec Elles et Florimond; nous passames ensemble une
partie de l'après-dînée. Sara chanta,
en s'accompagnant de la guitare; elle

declama un rôle de *Zaïre*, qu'elle aprenait, ét le rendit avec beaucoup de fenfibilité. Elle me propofa enfuite de la
diriger quelque-jour, dans la compofi-
cion d'un Ouvrage. Ce que je promis. Je me retirai à cinq heures, fuivant mon ufage, pour aler travailler.

A fept, Sara fe fit entendre à ma porte. Je la revoyais toujours avec un
nouveau plaifir. Je la portai jufque
fur fa chaife ; je lui pris mille baifers,
et je la remerciai de fa vifite. Elle paraiffait ravie de la tendreffe que je lui
montrais ; elle me dit les chofes les plûs
agreables, ét reprit fa converfacion du
matin en me tutoyant.

,, J'ai repondu à ma Mére, come je
te le difais, que tu étais l'Home qu'il
me falait. Et c'eft l'exacte verité. Quel
bonheur, pour une Jeune-perfone de
mòn âge, ét dans ma poficion, de trouver, dans notre maifon mème, un Home-d'efprit, de bones-mœurs, de bon
confeil, qui veut bien me tenir lieu du
Père qui m'a abandonée ! (Un baifer
voluptueux qu'elle me dona, fut l'affai-
fonement de ce raviffant difcours : Que
je fus ému ! ô Dieu ! de quelles delices
l'exiftance de l'Home peut être abreu-
vée !).... ,, Que ton caractére me charme (ajouta-t-elle) ! c'eft une douce
melancolie,

melancolie, qui n'a rien de triſte, même
quand tu l'es, Papa; tu ne parais qu'in-
tereſſant! „Ce compliment me flate
d'autant plûs, Fille charmante, que je
le crois vrai: Lorſque je ſuis doulou-
reuſement affecté, au-lieu d'être concentré, come les autres Homes, j'aime
à chanter des airs touchans; ils adou-
ciſſent ét les larmes qu'ils font couler,
ét ma douleur avec elles. „Quoi! l'A-
mi-Papa, tu chantes dans la triſteſſe!
„Je chante, ét je pleure. Il y a longtemps que je ne chante plus que dans
la douleur! c'est depuis l'âge de 16 ans,
où j'ai comencé d'être malheureux. Auparavant, je chantais de joie, come tout
le monde: Auſſi, ma Fille (ajoutai-je
en riant), j'ai plûs de plaisir qu'Un-autre à l'*Opera*; j'y trouve la nature, que
nos graves Auteurs disent en être abſolument banie. „J'aime à vous entendre: continuéz? (me dit Sara). „Tu
ne veux donc plus que je te dise *toi*?
„Si, ſi, cher Ami-Papa: continue.
„Ainſi, ma Sara, ſi jamais j'avais des
chagrins violens, que je ne voudrais
pas te confier, depeur que tu n'y fuſſes
trop ſenſible, tu m'entendrais chanter.
Si.... mais, non, jamais.... „Quoi?
quoi? je veux le ſavoir?... „Hé-bien,
ſi j'en avais, qui me vinſſent de toi,

XII Partie. D d

1781 mes accens feraient déchirans. ,,Ce
serait une erreur de ta part ; et si jamais
je les entendais, je viendrais, je te dé-
tromperais , et je te forcerais à chanter
de plaisir, come avant que tu éusses 16
ans ,,. Deux ou trois baisers scellèrent
la promesse. J'étais ivre de bonheur...
O Sara ! Sara ! tu fesais un Dieu d'un
malheureux et faible Mortel !...

Ce fut ce jour-là que je m'abandonai
sans reserve aux sentimens qu'elle m'inspirait. Notre conversacion devint ensuite plûs-vagabonde. Nous parlames
du jeune Delarbre : Sara me dit, Qu'
elle le detestait ; qu'elle ne voulait plus
le voir. Elle ajouta, que son plan etait
de ne se point marier : que cependant,
si elle songeait un-jour au mariage , jamais elle n'aurait de goût pour les Jeunes-gens ; qu'elle prefererait un Home
d'un certain âge : ,,Du vôtre, par
exemple : mais s'il falait choisir absolument entre un Jeune-home et Un tout-
à-fait-vieillard , c'est le Vieillard que je
prefererais ; je veux un Guide, un Protecteur, un Père, et non un Jeune-sou,
qui me causerait mille peines , avec
mon caractère porté à la tranquilité :
Voila bien mes disposicions , et jamais
je n'en changerai ,,.

J'étais charmé ! je m'aplaudissais ,

moi, *Quarantecinquenaire*, ét je me disais tout-bas : „Qui l'aurait pensé, que le bonheur m'atendît à mon âge!... Cette Fille, que je vois depuis 5 ans... depuis son enfance (elle n'avait que 14 ans, quand je louai chéz sa Mère), que j'ai vu croître, embellir ; que j'ai si souvent desirée, mais sans oser l'esperer, elle est à moi! elle se done! Elle semble, par ses disposicions, être faite pour moi!... „Qu'avéz-vous? qu'astu! (me dit Sara, qui était en ce moment sur mes genoux, le bras passé autour de mon cou). „Je pense à toi, charmante Enfant!... Il faut te l'avouer, je t'aime depuis longtemps : mais je te fuyais, effrayé de ta jeunesse ét de ta beauté. „Tu me fuyais, Gruël!.... moi, qui n'aspirais qu'au plaisir de te connaître ! „Que voulais-tu que je t'offrisse, ma Sara? Un cœur flétri par la douleur? „L'est-il en ce moment? „Non, le bonheur l'a dilaté. Tiéns, mets-y ta chère main. „Oui, il bat!... Touche le mien. „Il me paraît ému! „Hà! c'est qu'il a.... „Qu'a-t-il, ma divine Sara? „De l'amour ». (Quel mot! lorsqu'une Fille de 19 ans l'adresse à un Home de 45!) „Ma chère Sara (lui repondis-je), ce n'est pas de l'amour que je te demande! mais une sin-

cère et conſtante amitié. ,,Hé! ſi j'ai
de l'amour! ,,Il ceſſerait trop-tôt!
done-moi ton amitié, ta confiance,,...
(Mes acçions dementaient mes paroles,
car c'etait en Amant que j'agiſſais! le
cœur humain est inconcevable!.....)
,,Ma chére Sara (continuai-je), veux-
tu conaître quels étaient mes ſentimens
pour toi, il y a un an, deux ans? ,,Oui,
j'en ſerai ravie. ,,Hé-bién, tu vas voir,
dans cette Hiſtoriette, que j'ai inſerée
dans mes *Contemporaines*, come je
te conſiderais. En voyant chés vous
Delarbre, je me figurai que j'étais à ſa
place; que c'etait moi qui t'aimais:
j'exprimai les ſentimens que tu m'aurais inſpirés, ſous le nom de *Chevilly*;
je te nomai *Adeline*: Ces tendres ſentimens, que je prète à l'Amant, je les
avais; cette adoracion qu'il marque, je
desirais te la marquer; ces dates de
l'*Ileſaintlouis*, je les fais à-présent; on
y voit partout *Ad. ad.* (Adeline adorée).
Lisons enſemble cette Hiſtoire, mon
adorable Sara; ſois mon Adeline: tu
me rens, dès cet inſtant, auſſi heureux
que le fut De-Chevilly,,.

Nous lumes l'Hiſtoriette, qui l'attendrit aux larmes. La voyant ſi ſenſible,
et voulant lui montrer come je ſavais
aimer, je lui fis l'hiſtoire de mon atta-

chement pour *Zéfire*, cette fille genereuse que j'avais si tendrement aimée!
Je vis couler des ïeux de Sara les plûs
belles larmes que j'eûsse vues de ma
vie. Je pleurai avec elle.... ,,Quoi!
c'est ainsi que vous pensiez pour moi,
avant que de me parler? ,,Oui, ma
chère Sara. ,,Et vous ne me disiez
rien, quand vous me voyiéz? ,,Bién
des raisons m'en empêchaient; mon
âge, le vôtre, mes chagrins, votre Mère... ,,Tes chagrins, hâ! je les aurais
adoucis! ,,Adoucis-les à-présent,
mon adorable Fille! Tu les conaîtras.
,,Tous? ,,Oui, tous. ,,Bon! tu sauras aussi les miéns. ,,Quelle heureuse
intimité tu me fais esperer! ,,Reprens
où tu étais, chèr Papa. ,,J'avais encore une autre raison, qui me fesait
vous fuir: je vous croyais du dedain
pour moi. ,,Hâ-dieu! et coment cela?
,,Un-jour que j'étais descendu pour du
lait, j'aperçus dans la salle-basse votre
Mère; j'y entrai pour la saluer. Vous
y étiéz avec cette Jeune-voisine, que
j'avais il y a six mois. ,,Mlle *Charpantier?* ,,J'ignore son nom. Votre Maman la pria de m'éviter la peine de sortir, et lui dona mon pot. Elle le prit
avec un air de dedain: je m'en-aper-
çus, et j'en fus peiné. A son retour,

1781 Je lui fis mes excuses : elle vous regarda en souriant. Vous lui repondites
par un pareil sourire, qui me parut aussi
de dedain.   Je m'en retournai confus,
très-fâché de m'être montré.   ,,Hâ !
chèr Papa ! que tu lisais mal dans mon
cœur ! moi, qui ne soupirais alors qu'a-
près ta conaissance ! et Charpantier la
desirait tout-come moi ; tu t'es trompé
sur nos sentimens.   ,,Je m'en félicite,
ma Fille.   ,,Une âme aussi sensible que
la tiènne, Papa, dut cruellement souffrir !   ,, Oui, je l'avoue.   ,, Je veux
te dedomager.   (Elle me fit des caresses
enfantines, que je lui rendis avec atendrissement).   ¶ Nous parlames ensuite
de la solidité avec laquelle nous aimions
nos Amis :   Je lui vantai ma manière
d'aimer :   Elle me peignit la siènne :
,, J'ai à-présent une Amie (ajouta Sara),
que j'aime tendrement ; c'est ma Maîtresse : La longue maladie d'une Mère,
qu'elle vient de perdre, des dettes, des
chagrins... que je ressens aussi vivement
qu'ellemême, la mettent dans le plûs
cruel embarras... Que je voudrais être
riche, pour la pouvoir obliger !...   Ma
Mère leur a prêté, mais si durement ! à
un si fort interêt...   ,, Coment ! à interêt !   ,, Je ne l'avoûrais pas à Un-autre
qu'à mon Papa.....   Si vous conaissiéz

ma Mère!... Je suis bien malheureuse! 1781
(Que je fus touché de ce langaje, que
les larmes accompagnèrent!) »Si vous
saviez come elle est dure! come elle
m'a traitée!... Mais je me tais. »Chère, chère Enfant! (m'écriai-je), oci,
je te jure d'être ton Père! je t'en servi-
rai, ma Sara; je te dedomagerai des
duretés de ta Mère, par mon tendre
atachement..... Je sais qu'elle t'a été
dure: Combien de fois ne l'ai-je pas
entendue d'ici se livrer à des emporte-
mens... contre toi!... Ma chère Fille!
c'est notre Bon-destin à tous les deux
qui nous a raprochés... J'ai des Enfans ingrats; tu as une Mère dure....
Unissons nos intérêts; soyons tout l'Un
pour l'Autre, et tenons-nous lieu de la
Nature entière! »Je ne vous dis pas
tout (reprit Sara, la larme à l'œil).
»Hé! pourquoi ne pas me le dire,
chère Fille! je ne veux le savoir, que
pour remedier, si je puis... »Cela ne
se peut pas encore... Si... mais je crains
d'être indiscrète,... vous pouviez obliger mon Amie... Un louis, qu'an vous
rendra dans deux mois, suffirait pour
demain, quand je m'en retournerai».
J'en glissai deux dans sa main, que je
baisai. ¶ Nous descendîmes ensuite
pour souper ensemble chez sa Mère»

J'y fesais aporter de chéz le Traiteur, lorsque je m'invitais moi-même, quelque gros Oiseau, qui fervît enfuite à plusieurs repas de cette Femme intereflée. ¶ Le lendemain matin, croyant Sara partie, je chantais dans l'escalier. Elle était dans une pièce d'entrée. Elle trefaillit fur fa chaise (à ce que je fus enfuite). ,, Qu'avéz-vous (lui dit fa Mère). ,, Mr-Nicolas chante! ,, Hébien, c'est qu'il est content! ,, Hô-non! il m'a dit un-jour, qu'il ne chantait jamais, que lorfqu'il avait quelque peine; ét il en a fûrement! ,, Aléz le voir ,,. Sara monta chés moi.

,, Qu'avéz-vous? (me dit-elle avec intérêt). ,, Hâ! ma chère Sara! je vous croyais partie!... J'ai donc le bonheur de te voir encore! ,, Etait-ce le fujét de votre peine? ,, Je n'en ai plus d'autres... depuis hiér ,,. Et je lui pris un baisér, qu'elle me rendit. ,, Je m'en vais partir (reprit-elle): mais fi j'aprens que vous ayiéz chanté... ,, Non, je ne chanterai plus. ,, Je veux dire, de chagrin. ,, Tu les préviéns tous, chère Fille. ,, Voila come je vous aime... Mais adieu ,,...... J'ajoutai aux deux louis qu'elle m'avait demandés la veille, un troisième caché dans un petit étui d'Almanach, ét elle f'en ala trés-contente.

Une nouvelle femaine s'écoula.

Elle revint le famedi fuivant, ét je ne la vis qu'en fortant, pour aler à mes affaires, avant fouper. ,, J'alais monter chéz vous, mon Papa (me dit-elle). ,, Venéz; j'y retourne-. Nous y alâmes enfemble. J'étais reellement épris. Je louai fa figure, ce foir-là ; je lui jurai qu'elle était la feule Femme qui eét quelque pouvoir fur mes fens. Je fortis enfuite, ét je lui promis de venir fouper avec elle. J'aportai pour la premiére-fois ma crême-de-ris , que nous avons mangée enfemble prés d'un an , à quelques jours aprés. Cette forte de fouper, particuliér avec Sara, cimenta notre liaison : Nous étions come le Mari et la Femme, ou le Père ét la Fille; nous avions le même potage , auquel Perfone ne touchait que nous, quoique nous fuffions tous-quatre , Sara , fa Mère , De-Florimond ét Moi , à la même table. Ces foupérs furent les plus-doux momens de ma vie, ét le plaisir dont la privacion m'a, dans la fuite, coûté davantage......

Le lendemain, Sara vint fur les onze heures. Nous eumes un tendre entretién. Je m'émancipai beaucoup trop ! je fus prêt à triomfer.... Un difcours qu'on m'avait repeté dans la femaine ,

1781 au-sujët du jeune Delarbre, me donait de la hardiesse, ét me fesait penser : :Si elle a deja cedé, pourquoi ne serais-je pas heureux?.... Sara me resista, mais de la maniére la plüs obligeante; je ne l'en aimai que davantage. Aprè un nouveau présent en Livres, élle me laissa, jusqu'au dîner, qu'elle vint me chercher, pour se mettre à table. J'eüs pendant tout cet agreable repas, le joli piéd de Sara sur le mien. Je me retiiai come les autres jours, ét Sara ne manqua pas de venir me voir à sept heures ét demie.

Cette soirée fut celle des confidences. Sara érait entrée fort gaie. Je la reçus come une Divinité : Elle etait pour moi celle du bonheur. Tout-à-coup, et sans que nous eüssions encore rien dit qui la pût affliger, un nuage de tristesse se repandit sur son aimable fisionomie ; ses ieux devinrent humides, et les larmes coulèrent. Je fus surpris, effrayé : ,,Qu'a donc ma chère Fille ? (lui dis-je vivement), qu'a-t-elle?.... Confie tes peines à ton Père, ma charmante Amie ! ,,Hâ ! s'il savait combien je suis malheureuse ! ,,Malheureuse ! coment, par qui, depuis quand, ma chère Enfant? ,,Je l'ai toujours été ! ,,Toujours été !... Hâ ! puissé-je

diminuer ce cruël malheur! ,, Oui, 1781
vous le pouvéz, croyez-moi! car vous
l'avèz deja diminué : Votre conaissance
est le plûs grand bonheur qui me pût
arriver. Vous seréz mon soutién, mon
apui... J'ai une Mère (*des larmes*)....
Elle me tourmente ... pour accepter un
Home que je deteste.... qu'il garde ses
vingtmille-francs. ,, S'il a des vues
malhonétes, je vous aprouve, ma Fille...
Ma chère Sara! (*Elle mit son visage
dans mon sein*). ,, Hâ! si je vous disais
tout! ,, Hé-bien, dis-le-moi, ma chère Fille; dis-moi tout! ,, Je n'ose. ,, Et
pourquoi n'oses-tu pas te confier à tón
Père? Je le suis par mon choix; c'est la
meilleure manière, et tu es plûs ma
Fille, que si le hasard et la nature t'a-
vaient donnée à l'Home qui te presse
dans ses bras!... Parle; ma Fille?
,, J'ai toujours été malheureuse... dès
l'enfance ... Ma Mère ... a fait mourir
ma Sœur de chagrin... Moi, plûs insensible alors, j'étais étourdie, folle,
riant toujours... J'ai bien changé, depuis quelques années! et je suis deve-
nue serieuse, come vous me voyez!...
Combien j'ai souffert!... Aujourdhui
méme, je ne saurais la voir, toute ma
Mère qu'elle est, sans trembler... Elle
me fait horreur!... Sa marche, quand

1781 elle arrive où je suis, glace encore mon
sang, et me cause une revolucion : vous
avez dû vous en apercevoir deux-fois!
(En-effet, elle avait frissoné aux deux-
fois que la Mére était entrée chéz moi).
Dans mon enfauce, j'ai souvent manqué de me tuer, par la crainte que j'a-
vais d'elle.... Un-jour, quand nous
demeurions dans une petite ruë du *Ma-
rais*, chez un Menuisier, elle m'avait
defendu de sortir de la chambre. J'aimais tant à courir, que je ne pus me
contenir. Je vins sur l'avance de la
boutique, où je grimpai, ayant l'œil
attentif, si elle ne revenait pas. Je crus
l'apercevoir de loin, et mon empresse-
ment fut si grand, que, ne songeant pas
que j'étais montée asséz haut, je me jetai par terre, et tombai sur quelque
chose d'aigü, qui me fit ici (montrant
l'endroit) une blessure dangereuse, dont
je n'osai parler.... Nous étions alors
bien dans la misère ! Elle ne savait que
faire, et je crois qu'elle... (*se cachant les
yeux*) ; car je lui voyais tous les jours
amener Quelqu'un de - nouveau chez
nous. On me fesait cacher dans un
petit cabinet. Mais ce qui ne me laisse
presque pas lieu de douter, c'est qu'un
soir elle me prit par la main, en me disant : ::Alons, Sara, viens voir si nous
ne pourrons pas *faire un Home!* Ce

Ce fut le visage caché dans mon sein, 1781
que Sara prononça ces paroles.   Dans
un premier mouvement, je la repouffai:
je me levai, tranfporté de fureur: puis
me calmant auffitôt, pour paffer avec
rapidité à un fentiment contraire, je
la pris dans mes bras, et je lui dis, en
laiffant ruiffeler mes larmes fur elle:
,, Tu n'as plus de Mère, ma Sara ; non,
cette Femme n'eft plus ta Mère! Mais
je te le jure par Dieu même, tu as un
tendre Père en moi ,,! Sara me remercia par un baifer, tel qu'une Fille-
honête le done à un tendre Père.

,, Ce n'eft pas tout, mon chèr Papa.
Si vous faviez quels traitemens elle m'a
fait effuyer !   J'étais, durant l'été, par
une chaleur extrême, renfermée dans
le petit grenier, avec du pain et de l'eau,
fans pouvoir fortir ni parler à Perfone:
elle me regardait come une Bête deftinée à fon avantage particulier, et dont
elle prétendait fe fervir, lorfqu'elle le
jugerait à-propos. ,, Ou plutôt, ma
chère Fille (interrompis-je), elle ne
vous traitait fi mal, que pour vous rendre plus refignée à fes volontés : Elle
penfait que la moindre bonté qu'elle
vous marquerait enfuite, aurait à vos
ieux le charme de la nouveauté ; que
cela vous difposerait à faire tout ce qui

XII Partie.   E e

1781 lui plaîrait. ,, Je vois que vous la de-
vinez (reprit-elle) : ce que j'ai à vous
conter , confirme parfaitement votre
conjecture. ¶ Je fais que dans les comencemens que vous avez demeuré dans
la maison , elle vous a raconté le trait
de cette Femme qui occupa votre demeure . et qui (disait-elle), me profti-
tuait à un Avocat. La verité est, que
cet Avocat venait à la maison pour moi,
du confentement de ma Mère, qui m'a-
vait recomandé de ne pas faire la difficile. Mais cet Home m'ayant prise
en affecçion, il me confeilla de refter
honête, en m'attachant à lui-feul. Ma
Mère l'écoutait. Elle entra dans un
moment, où il m'embraffait, environ
un demi-quart-d'heure après ce qu'il
m'avait dit; elle fe jeta fur lui come
une Furieuse, en criant qu'il voulait
feduire fa Fille, ét elle le mit à la porte,
en le tirant par le colet. Depuis ce
temps-là, je ne pouvais plus le voir.
Mais il obtint de la Voifine, dont vous
avéz l'apartement, qu'elle me rece-
vrait chez elle, lorfque Maman ferait
abfente. Une des clefs de cette Voi-
sine ouvrait ma petite chambre du grenier : deforte qu'un-jour, que j'y étais
renfermée, fuivant l'usage, avec du pain
ét de l'eau, l'Avocat vint : la Voifine

m'ouvrit : le Monſieur offrit de páyer
une collacion ; mais il ne voulait pas
l'aler chercher, depeur d'être aperçu
dans le voiſinage. La Voiſine, de ſon
côté, ne voulait pas me laiſſer ſeule avec
lui : deſorte qu'il fut dit, que j'irais
chercher la colacion. Mais, par malheur, come j'étais au-milieu de la ruë.
Florimond, l'eſpion, l'amant, l'eſclave,
la dupe, le vil complaiſant de ma Mére,
Florimond revenait chercher quelque-
choſe que ſa *Dame* avait oubliée ; il me
vit avec ſurpriſe, ét me gronda. Je ne
ſavais que repondre. Je fus renfermée
par lui, ét je n'oſai plus ſortir. Aubout d'une heure, ma Mére arriva fu-
riéuse ; elle ſe jeta ſur moi, ſans m'in-
terroger, me pinça les bras, en me tor-
dant les chairs, ét me relevant le viſage,
à coups de poing. On mit un cadenas
à ma porte, outre la ſerrure, ét il n'y
eût plus moyén de me faire ſortir. J'é-
tais deſeſperée. Je montai pluſieurs-
fois ſur la fenêtre, da.. le deſſein de
me precipiter dans la cour. Vous vous
rapelez qu'un-ſoir, elle vous priait de
fermer la porte de la grille ſans bruit :
elle regarda Florimond, ét lui dit devant vous : „ L'Avocat la fermait ſans
qu'on l'entendît „. Elle donait à entendre par-là, qu'il venait auprès de

moi la nuit. Mais il n'en est rien, je vous assure.

Quand je fus presque toutafait grande, elle me mit deux ou trois mois au Couvent. Mais elle avait ses vuës; c'était pour tirer meilleur parti d'une Fille qui sortirait du Couvent. Aussi, mon chèr Papa, voici ce qui arriva, lorsque j'en fus sortie.

Un Dimanche, elle m'habilla superbement, et me mena au *Palais-royal.* Nous nous assîmes dans la grande-alée. Nous y étions depuis un quart-d'heure environ, lorsqu'un Home d'un certain âge, mis en Robin, nous aborda d'un air aisé. Il salua ma Mère, ét se mit à causer avec elle. J'avais l'air de fort mauvaise humeur, craignant que ce ne fût une Rencontre. Aussi, lorsqu'il m'adressa la parole, je ne lui repondis que par monosyllabes. Malgré ce mauvais accueil de ma part, il continua, ét proposa un dîner à ma Mère. Je remerciai pour elle, en disant que nous avions dîné. Mais elle n'en accepta pas moins. Elle se leva; ét moi, peu accoutumée à lui resister, je fus obligée de la suivre. Nous descendimes à une belle maison, ét nous trouvames le couvert mis dans un sallon superbe. Mais come je temoignai que je n'avais pas apetit, ayant mangé avant de fortir de chez nous, on me fit paffer dans une efpèce de cabinet, où ma Mère me laiffa feule avec le Monfieur........ Je me difpenferai de vous dire le refte. Je m'évanouis... On fut obligé d'apeler ma Mère à mon fecours...

On dîna enfin; et au-milieu du repas, le fouvenir de ce qui f'était paffé, me fit encore trouver mal. On me delaça, et on me mit au grand air fur un balcon, qui donait fur le jardin. L'Home me temoigna le plûs vif intérêt...

En revenant, ma Mère me parla des grandes efperances qu'elle concevait. Mais je lui declarai que je ne voulais pas être entretenue, et que je préferais de travailler. Elle me repondit froidement, que j'en étais la maîtreffe.

Pour me calmer, et depeur que je ne me plaigniffe dans le Voifinage, dès la même femaine, elle me mit en aprentiffage pour les dentelles, chéz une Dame *Amei*, dont la maifon eft fort honête, et où j'ai toujours refté depuis. Mais elle me conduifit tous les Dimanches et fêtes, chéz le Monfieur du *Palais-royal*; et lorfqu'il venait dans la femaine, elle m'envoyait chercher par Florimond. ¶ Ce fut chéz cet Home que je vis le Monde: Il y avait toujours

1781 grande compagnie à sa table : c'étaient des Gens-de-condicion, à-la-verité libertins ; car ils n'avaient avec eux que des Actrices ; mais la conversacion n'en était que plus brillante. J'y ai vu Mlle *Arnoult :* Come j'étais modeste ét timide, cette *Demoiselle*, qui ne pouvait croire que je fusse malgré moi dans ma triste situacion, me regardait come une Fine-mouche ; elle disait souvent à M. *De-Vesgou* (celui qui paraissait m'avoir) : ,, Elle est plus rusée que Nous-toutes, votre Jolie-Flamande ,,! Je rougis, ét elle me lança quelques épigrammes, auxquelles je ne repondis pas. Ce qui m'humiliait beaucoup, c'était le rôle que sesait ma Mère : Grossière, relativement aux Gens avec lesquels elle se trouvait, n'ayant pas reçu l'éducacion française, elle en était souverainement meprisée : Elle le sentait (car elle ne manque pas d'esprit ; mais je le sentais davantage encore, ce mepris qui retombait sur moi), ét pour s'en venger, elle lâchait des reponses mortifiantes, sans égard pour la condicion : ces reponses grossières n'étaient point bêtes ; aucontraire ; ét c'est ce qui les rendait plus piquantes : Elles l'étaient au-point, qu'un-jour un Duc se leva de table, apela M. De-Vesgou, ét lui dit, qu'il

ne viendrait jamais chez lui, quand 1781
cette Femme y ferait (parlant de ma
Mère). M. De-Velgou la prit en haïne,
et lui fit essuyer toutes sortes de morti-
fications, qu'elle souffrait par intérêt.
En-effet, elle me vendait à beaux de-
niers comptant. J'étais parée, et elle
empochait les louis. On la vit alors
passer de l'étroit necessaire, que Florimond lui avait procuré, à la plûs grande
aisance. Elle prit sa maison à bail, et
aurait pu, dit-on, l'acheter.

Cependant M. De-Velgon m'était fort
ataché, quoiqu'il n'eût pas lieu d'être
content de moi; car je le maintenais
dans les bornes... Il me disait quelquefois : : : Est-il possible, qu'il faille
passer par cette Femme, pour aler à vous!
Je vous adorerais; vous seriéz tout pour
moi, et mon heritière un-jour, sans
cette Creature : mais l'idée qu'elle pro-
fite seule de mes presens et de mon amitié pour vous, en tarit la source : je
me fais un scrupule de solder le vice,
la bassesse... Tâchez de venir me voir
seule ; vous serez plûs en sûreté, avec
moi-seul, qu'elle vous accompagnant :
je sais ce qu'elle m'a dit et m'a offert : :.
Je pleurais à ces discours.

Dés que j'étais de-retour chez ma
Mère, je me hâtais de demander à re-

tourner chez mes Maîtreſſes ; car la Mère
étant morte, je continuai de reſter avec
ſes deux Filles.   Je les aimais tendrement, à-cause de leur honêteté ; j'en
étais tendrement aimée, à-cause de mon
attachement pour elles.   C'est de cet
asile, où je n'avais que de bons exem-
ples, où je vivais avec des Filles de bo-
ne-maison, bién élevées, qui ne reſpi-
raient que l'honeur ét la vertu, c'est
de cet asile, dont Florimond venait
m'arracher au-milieu de la ſemaine,
pour aler écouter des propos ſinguliérs,
ſoit de la part de M. De-Veſgou, ſoit
de celle d'Un M. *Le-Graîniér*, que je
haïſſais encore davantage, mais que ma
Mère menageait le plûs, par des raisons particuliéres :   Il la ſervait de ſon
credit, quand elle avait besoin, ſans
trop ſ'embarraſſer de la delicateſſe :
voila pourquoi il lui est précieux.   J'ai
ceſſé de voir M. De-Veſgou, il y a environ huit mois.   Ma Mère a voulu le
faire remplacer entiérement par M. Le-
Graîniér, qui offre encore aujourdhui
les vingtmillé-francs ; mais je lui ai declaré que je ne voulais plus d'autre
Home, qu'un Mari.

Le hasard áayant alors fait trouver à
ma Mère un Penſionaire, dans M. Delarbre, je crus que c'était-là le Mari
qui n'était deſtiné.   Mais je vois qu'il

n'en est rien, et que c'était à l'amitié
d'un Home du plus rare merite que le
sort me reservait.... Voila, cher Papa,
ce que je puis vous raconter de mon
Histoire. Car je ne dis pas tout!.....
,, Hé! pourquoi, chère Fille!... Hâ!
que tu me deviens interessante!... Mais
dis-moi tout, je t'en conjure? ,,Non,
cela ne se peut pas! Je ne vous le demande plus, Sara. ,,Mon Bon-ami
(dit-elle alors) on vous atendrait pour
souper ; descendons ,,. C'était le 21
janvier que Sara me fit cette confidence.

Le lendemain lundi, ne voyant pas
Sara, que j'avais atendue pour recevoir
son adieu ordinaire, je descendis. Mais
quelle fut ma surprise d'entendre une
querelle, des pleurs, des cris. *La Mère.*
Vous êtes une putain. *La Fille sanglo-
tant.* Si je ne le suis pas, ce n'est pas
votre faute : vous y avez fait tout ce
que vous avéz pu. *La Mère.* Hâ! Insolente! atens! atens ,,!... Des pleurs,
des cris de la part de la Fille. J'entrai,
craignant que ma chère Sara ne fût mal-
traitée. *La Mère.* Une Fille, monsieur!
qui me repond des impertinences!
Moi. Ma chère Sara! calmez-vous ,,.
La Mère étant passée dans l'autre chambre, je pris la main de ma jeune Amie,
qui me reçut asséz mal. Cependant

1781 elle se calma, ét se disposa auslitôt à retourner chéz ses Maîtresses. Je la laislai s'habiller, ét j'atendis qu'elle vînt me voir. Mais on ne lui permit pas de monter aparemment, ou elle ne l'osa pas. J'étais à la fenêtre ; je la vis sortir, ét elle passa du côté de la ruë d'où je pouvais la voir plûs longtemps. Je descendis un-instant aprés. J'entendis soupirer la Mère. J'entrai auprés d'elle pour la consoler. Alors cette abominable Fenime prenant un ton hypocrite, me dit en pleurant, en poussant des cris étouffés : „N'est-il pas bién malheureux, de n'avoir qu'une Enfant. ét de la voir aler chéz les Autres ! de ne pouvoir la garder chéz soi ! „Hé ! qui vous en empêche, madame ? „Hâ ! monfieur ! tout ce qui reluit n'est pas or, ét je ne veux pas être à-charge à mes Amis ! „Ce que je pourrai, madame, est à votre fervice : Prenéz Mlle votre Fille chéz vous ; je me ferai un plaisir ét un devoir d'être votre fociété. „Hébién, Monfieur, prenons-la : nous lui donerons mon fecond, qui va être libre ; nous le meublerons à nous-deux : je fuis fa Mère ; vous lui fervirez de Père „… Je confentis, j'aplaudis à cette idée, fans concevoir de foupçons..... Infenfé ! qui ne voyais pas la finesse de

cette Femme! qui ne concevais pas que
j'étais le sujèt de la querelle entre la
Fille ét la Mére! que Celle-ci, toujours
impaciente, voulait que Celle-là preci-
pitât l'inftant de la recolte; tandif-que
Sara, qui avait pris avec moi un rôle
honête, ét qui fans-doute y prenait du
plaisir, fentait que la precipitacion était
impoffible!.... ¶ Remonté chez moi,
je fis cependant quelques reflexions :
je trouvai extraordinaire, qu'une Femme imperieuse, que rién n'avait jamais
pu dompter que l'interêt, pleurât, criât
de la feparacion volontaire ét momen-
tanee, d'avec une Fille, qui n'alait qu'à
deux ou trois-cents pas, ét que par-confequent elle était libre de voir tous les
jours, à toutes les heures; que dailleurs,
elle pouvait reprendre chez elle, puifque le temps d'aprentiffage était achevé
depuis longtemps, ét que fa Fille favait l'état qu'elle lui avait doné. Mais
ces reflexions gliffèrent legèrement.

Le jour fuivant, en alant faluer cette
Mère affligée, que je trouvai fort contente, elle me remit une Lettre que fa
Fille lui avait laiffee pour moi la veille :
Come elle ne favait pas dechifrer le
français, je crus devoir, par politeffe,
la decacheter furlechamp, ét la lire
haut. Voici ce qu'elle contenait.

{ 1781

1re Lettre de Sara, à Mr-Nicolas.

Monsieur ét chèr Papa. Ta Fille sait de toi-même que tu as toujours été malheureux: Quoi! serait-il possible que le Dieu de la Nature eût oublié mon Père! Non, non; c'est parce que tu ne m'as pas fait l'aveu de tes peines, que tu as été malheureux: Parle actuellement à ta Fille, ét croi qu'elle se sacrifierait entierement pour toi: Oui, elle donerait la moitié de sa vie, pour te rendre heureux. Je te prie de croire que ce sont là les veritables sentimens d'amitié, de tendresse, d'atachement qu'a ta Fille, ét qu'elle doit avoir, puisque c'est elle-même qui a fait choix de son Papa. Ma plume est trop faible ét trop peu exercée, pour te dire tout ce que je pense. Au bonheur de te voir, mon Papa. Je finis, en te souhaitant le bonheur que tu merites, ét une vie que ne finisse qu'avec la miénne. Ta Fille jusqu'au tombeau.

(Hâ! qu'on me done une âme sensible, qui ait aimé, pour conaitre, pour sentir l'excés de mon bonheur, à cette lecture!)....

Il y avait sur l'adresse, qui était la miénne, *Maman le soit:* mais je ne m'en aperçus pas, et j'observai en lisant, de changer le tutoiement en vous.

Je l'avouerai; cette Lettre si tendre,

qui

qui portait si bièn l'empreinte de la ve-
racité, fit nager mon cœur dans une
joie delicieuse! je me crus sincérement
aimé; je n'eûs pas le moindre doute:
: : Aimable Sara! (pensais-je), mon Bon-
genie t'a destinée à me doner tous les
plaisirs!... ¶ La huitaine qui s'écoula
m'ennuya infiniment. Je desirais Sara
avec une inconcevable ardeur. On
s'en aperçut aparemment. Sara revint
au-milieu de la semaine: mais elle ne
resta qu'une demi-journée. Elle monta me voir, en m'anonçant, qu'elle alait
repartir. Ma joie ét ma douleur parurent presque simultanement. Sara me
consolait par ses tendres caresses. ,, Cesse (lui dis-je), chére Amie! ou tu ne
feras qu'augmenter mes regrets. Elle
partit; ét a-l'instant où je rentrai, je
trouvai sous ma porte le Billet suivant:
2de Lettre.

*Mon chèr Bon-ami: Tu m'as l'air
inquiet, rêveur, chagrin? Dis moi un-
peu ce que tu as? Est-ce parceque je
m'en-vais? Non, sans-doute! tu aurais grand tort! Ce n'est que mon corps
qui va disparaître: Pour mon cœur, je
le garde pour Maman ét pour toi; oui,
pour toi, mon Papa, pour toi seul.
Adieu. Mon retour au plutôt possible.
Tâche un-peu de t'égayer; sans quoi,*

XII Partie.   F f

1781 *je te bouderai à mon retour à la maison.*

Ce fut à-l'occasion de ces deux Lettres, raviſſantes pour un Amant (ét un Amant de mon âge), quoiqu'elles ne ſoient pas des chefsd'œuvres, que j'offris à Sara de lier une correſpondance, qui la formerait au ſtile épiſtolaire.

C'était le jeudi qu'était venue Sara ; je n'eús que deux jours à l'atendre.

A ſon arrivée, le ſamedi ſoir, nous lui annonçâmes qu'elle ne retournerait plus chéz ſa Maîtreſſe. Elle en parut dans le raviſſement, elle qui ne pouvait auparavant reſter deux jours de ſuite chez ſa Mére. Lorſqu'elle monta chez moi, elle me fit ſes tendres remercîmens. ,, Je te verrai donc tous les jours, ma chére Fille (lui dis-je en la preſſant daus mes bras !) Hâ ! je ſerai heureux, puiſque mon bonheur eſt l'effet de ta ſeule préſence ! Ma Sara ! Fille aimable ! Fille adorée de ton tendre Père ! qui pourrait croire que, pendant cinq ans, j'étais auprés d'un Tresor ſemblable à Toi, ſans ſonger à m'en ſaisir !.... Je cherchais le Bonheur ; ét il était à ma porte !... Mais je le tiéns, ét il ne m'échapera plus ,, ! Nous deſcendimes enſemble. Aprés le ſouper, la Mére nous laiſſa quelques inſtans ſeuls. ,, A demain, Papa, me dit ma Jeune-Amie ,

nous causerons beaucoup plüs ample- 1781
ment. ¶ Le Dimanche était le 29 janvier... (Puis-je dire que ce fut un-jour
heureux)!... Sara vint me voir à midi.
Je l'atendais avec impatience, et deux-
fois dans la matinée j'étais entré chéz
elle, en disant, que j'avais des Livres à
lui doner ; mais que je ne voulais pas
les lui defcendre. J'étais alors à-peu-
près infruit des affauts que cette Jeune-
perfone avait effuyés ; je ne doutais pas
qu'il n'y eût longtemps qu'elle avait
perdu cette fleur précieuse, qui ne re-
naît jamais. Ma délicateffe en fouffrait;
mais les desirs y gagnèrent une inconcevable vivacité. Je resolus de fonder
fa vertu préfente, bién determiné, ou
à m'arrêter, fi elle était reelle, ou à l'a-
tacher à moi par le plaisir, fi elle en
avait le goût. Car f'étais decidé à lui
abandoner mon cœur, quelle qu'elle
eût été. C'était un parti pris. (Ne
vous irritéz pas contre moi, honête ét
prudent Lecteur, je l'ai páyé afféz chèr,
pour ne devoir intereffer que votre pitié!) ¶ Sara fe fit enfin entendre à ma
porte par une petite toux : (come tout
intereffe dans l'Objet qui nous a char-
més ! je treffaille encore, lorfque je crois
en entendre une femblable !) Je courus ouvrir. Qu'elle était belle ! que d'a-

1781 traits! que de fraîcheur! quel goût dans
sa parure negligée! Les Grâces avaient
arrangé ses beaux cheveux; la Volupté,
son fichu, son corpset, ses jupes, sa chaus-
sure; la volupté excitait jusqu'à l'aimable sourire qui le traça sur son joli visage. » Me voici, Papa!... Le pauvre
Papa! je l'ai fait bién atendre! mais ce
n'eft pas la faute de sa Fille: Elle a une
Mère, et cette Mère eft bién capricieuse!
Il faut bién prendre garde de ne pas la
bleffer, de ne pas la faire se câbrer. Si
un, *Je ne veux pas que vous montiez là-
haut*, était une-fois forti de sa bouche,
il n'y aurait plus de remède, ét ta Fille
en ferait au desefpoir: Quand on rif-
que tout, il n'eft pas permis de hasar-
der. » Je te vois, charmante, raisonable Fille, et je fuis trop heureux! Dés
le 1er inftant de ta venue, toutes les
peines de l'abfence font fufpendues jufqu'à celui de ton depart... Viéns ici,
ma belle Sara, viéns fur mes genoux»!
Elle y vint, avec cet aimable abandon,...
faible langaje! tu ne le rendras jamais!

Aprés les premières careffes de l'amitié, qui me furent rendues, je devins
entreprenant: mais j'obfervais avec
une attenfion fcrupuleuse la conduite
de Sara. Elle resifta, et fidéle à mes
principes, je m'arrêtai: ne pouvant

être heureux, je fus tendre, ét jamais je
ne lui avais encore fi vivement exprimé
les fentimens qu'elle m'infpirait! Sara
était dans mes bras, ét fur mes genoux:
un de fes bras paffé fur mòn cou m'e-
treignait doucement : fon fein vivement agité, preffait mon cœur; fes ieux,
fixés fur les miéns, paraiffaient exprimer la plus vive tendreffe. Je fentis au
fond de mon âme la convicçion d'être
aimé : elle fe dilatait ; je m'agrandif-
fais ; je n'étais plus un Mortel, j'étais
un Dieu : je fentais une exiftance delicieuse, noble (le bonheur éléve l'âme!)
le refte du Genre-humain ne m'infpirait plus que le tendre interêt de la bien-
veuillance : Quelle fituacion ! ét que
faut-il autre chose, pour être un Dieu!...
Aprés une filencieuse jouiffance de Sara
ét de moi-même, ma langue fe delia,
pour fe prêter à la plenitude de mon
cœur : ,,Ma Fille (dis-je d'une voix
fyncopée). ma Deeffe; mon Ange; divine Source de ma felicité! quel charme
tu repans fur tou Ami. ton tendre Ami!
Hà! ma Sara, la plus chère moitié de
moi-même, je ne refpire plus que pour
toi! je t'abandone mon exiftance ; eile
ne peut être heureuse que par toi!...,
Que de ce moment, tout nous foit comun, peines, fortune, plaisirs; tout,

Ff 3

1781 ma Sara! Tu es ici chéz ton Père. Dif-
pose en maîtreſſe, en Fille bién-aimée.
C'en-est-fait, je ſuis à toi. ,, Je ſuis à
toi (répeta-t-elle, avec un baisér). ,, Tu
es à moi! ,, J'y ſuis, j'y ſuis, j'y ſuis:
j'y veux ètre toujours. ,, Tu embelli-
ras le ſoir de ma vie. ,, Il n'eſt pas ſi
tard! ,, Non, tu me rajeunis; il me
ſemble que je ſuis à ton âge. ,, Puiſſé-
je-prendre de tes années, aimable Papa!... Done-m'en, done-m'en!... laiſ-
ſe-moi croire que je t'en-ai-pris!....
Oui, ze t'en-ai-pris; z'ai trente-ans: dis
moi que ze parais 3o-ans; ze le veux..,
,, Reſte jeune, mon adorable Amie; la
jeuneſſe te va ſi bién! elle eſt ſi raison-
uable en toi'... ¶ En-ce moment, une
voix nous apela. C'était celle de Florimond. ,, C'eſt le Jaloux! me dit Sara: il ne prétend rién à moi, ét il l'eſt
de tout ce qui m'aproche. Je ne te quit-
te pas: nous dînous enſemble: mais
je deſcens. ¶ La Mére, Florimond,
ét Sara devaiēt tous-3 ſortir pour affaires, dans l'après-dînée. Ce fut ce qu'on
nous dit à table. Un tendre regard
exprima la douleur que ma Jeune-amie
en-reſſentait; ſon piéd-mignon preſſa le
mién: tout eſt organe du ſentiment,
quand on aime; et celui-là n'eſt pas le
moins-expreſſif. Je me mis au travail,

dés que Sara fut partie, afin d'avoir plûs
de temps à lui douer, lorſqu'elle revien-
droit. ¶ A huit heures, elle ſe fit entendre. Avec quel plaiſir je la reçus!...
Elle entra chez moi un papier à la main:
,, Nous avons été voir un des Compa-
triotes de M. Delarbre (me dit-elle),
pour l'engajer à écrire à ſon Ami, qu'il
faſſe payer Maman. Dans un-inſtant
où il a pu me parler ſans être vu, il
m'a remis une Lettre, que je viens lire
ici. Je compte vous la laiſſer, pour la
renvoyer, avec la Reponſe que je vais
y faire ,,. En même-temps, elle me
dona la Lettre.... ,, Liſez-la dabord
ma chère Fille (lui dis-je); après cela,
vous verrez ſi je puis la lire auſſi ,,.
Elle lut : enſuite elle me la préſenta
ouverte. Cette Lettre était ſingulière,
et j'avouerai que le ſtyle m'en ſurprit!

Lettre de Delarbre, à Sara.

5 Janvier 1781.

*Ton petit Mari devine l'épreuve à la-
quelle tu veux le ſoumettre. Va, il ai-
merait toujours ſa Femme, quand elle
deviendrait muette. Amuſe-moi, badine
ce petit Mari : il ſ'en venge ſoir et matin ſur ta bonbonière ; il la careſſe, il
l'interroge : elle lui dit, que tu aimes
come une Folle le petit Mari qui t'adore.
Excuſe-le, ſ'il n'eſt pas parti, dès-l'inſ-*

tant où tu l'as invité à voler dans tes bras. Tu sais qu'il ne s'est séparé de toi, que pour aler vaincre tous les obstacles qui s'opposent à son bonheur. Il te reverra, pour ne plus te quitter. Gronde notre Maman, qui ne nous tiént pas sa promesse, de venir en Auvergne, si elle était invitée par mes Parens : La Reponse qu'elle a faite, les a tous alarmés, ét j'ai été soupçoné d'avoir fait seul les avances : Aide-moi à la decider; si elle se determine à venir, je lui repons d'un bon-accueil. Viéns, viéns, ma Sara ! Je me souviéns du temps, où j'avais le plaisir de te tenir panchée de si bonne grâce dans mes bras ; où tu fesais des prodiges ; tes jolis doigts s'occupaient à faire un chéf-d'œuvre ! tes ieux lançaient le bonheur ; ton petit piéd fesait lui-même un rôle... Hâ ! Sara ! ces heureux momens sont-ils passés pour toujours !... § Je n'ai pas encore demandé à mon Père son fonds. J'ai voulu lui prouver auparavant que j'étais en état de le faire valoir. Il paraît content de mon travail : je vais au premier jour le presser de me doner un état, ét lui représenter que je suis en âge de travailler pour mon compte. Je suis desespéré, come toi (point du tout !) du moindre retard. (Consolons-nous, ma

Bone-amie; écrivons-nous souvent); (*) 1781
Done à Boyer, le moyén de te faire parvenir mes Lettres. Bon-jour; (je m'empresse de me parer des qualités dont tu as bién voulu me garantir la sincerité: Raton s'en souviendra toute sa vie. Je t'embrasse un million de fois), ét je suis de tout mon cœur, chère petite Femme,
(Ton Mari), Delarbre.
P.-S. De quelque manière que tournent nos affaires, je pars ; le plaisir de te voir vaut mieux pour moi que la possession d'un tresor. Juge si je suivrai les avis que ta Maman done à mon Père, de me rendre raisonable come toi... Há! quel mot!

Reponse.

J'ai reçu Monsieur, le 29 Janviér, votre Lettre, par laquelle j'aprens que vous vous promettéz d'être biéntôt de-retour à Paris. J'espère très-fort que cé n'est pas pour moi, ou dumoins, je vous y engaje: Car vous ne pouvéz pas ignorer, que lorsqu'on a manqué à une Persone de mon sexe, on ne doit plus se présenter devant elle, surtout quand elle a fait un Chois!

P.-S. Je prie M. Boyer de faire tenir

(*) Ce qui est d'un autre caractère, ou entre deux parenthèses, était écrit ou rayé de la main de Sara.

*ces deux mots à l'Auteur de la Lettre
ci-incluse.*

Je fis beaucoup de reflexions sur la
Lettre de Delarbre ! Je savais que Sara
l'avait aimé : cet écrit achevait de m'en
convaincre, et j'avoue que je fus surpris de la dureté de la Reponse ! Cependant (et je l'avoue avec confusion),
j'en fus flaté : je crus, oui, j'eus la folie de croire, qu'à l'âge de quarantecinq
ans, la tendreffe que j'infpirais avait
fait oublier un Jeune-home de vingt-
cinq.... C'était le comble du delire ;
mais voila come nous fomes tous prévenus en notre faveur ! c'eft au malheur
à nous detromper, en nous remettant
à notre place... Cependant je tremblai
pour moi, lorfque je fus prié par Sara
d'envoyer le paquet, qui devait renfermer ces deux Lettres, à l'Ami du pauvre Delarbre. Je le promis, mais avec
l'intenfion de les garder ; ne croyant
pas qu'il fût à-propos de remettre de
pareilles armes entre les mains d'un
Jeune-home, avec quî l'on rompait. En
montrant cette Lettre, il aurait fait à
Sara un tort irreparable. Mais ces li-
bertés que je voyais qu'avait prises Delarbre ; ces *jolis doigts qui s'occupaient
à faire un chéfdœuvre* ; ce que Sara m'a-
vait confié ; certain raport de deux pe-

tites Comissionaires d'Agnès-L., qui
venaient pour moi dans la maison,
tout-cela me dona l'esperance d'obtenir des faveurs, sans avoir à me re-
procher la corrupçion de l'innocence.
Il semble, d'un côté, qu'une Fille,
lorsqu'une-fois elle a succombé aux
attaques des Homes, est moins à menager ; tandis-que de l'autre, elle ex-
cite davantage une coupable volupté.
Ce fut ce que j'éprouvai très-vivement,
et quoique la raison combatît en moi
ces mouvemens desordonés, la raison
ne fut pas la plus forte : mes caresses
devinrent plus libres : Sara, plus-habi-
tuée à moi, se defendit moins : peutêtre sentit-elle obscurement le desavantage que lui donait la Lettre qu'elle
venait de me faire lire... Peu-à-peu,
je me plongeai dans l'égarement d'une
passion, toujours extrême, dès qu'on
a comencé de s'y livrer... Enflâmé par
ce que j'osais, par ce qu'on me permettait, par ce qu'on me donait, je parvins biéntôt à ce point fatal, où l'on ne
saurait plus comander à ses desirs ; parcequ'on les a trop excités, pour que la
raisõ puisse en rester maîtresse.... Dans
cette situacion, un contre-temps heureux m'eût sauvé !... Il n'arriva pas...
J'osai exprimer ce que je brûlais d'ob-

 tenir... Le silence me parut un aveu...

Voila donc ce Protecteur, ce Guide, ce Défenseur! cet Home qui devait diriger sa Jeune-amie! Il veut, il arrache lui-même ce qui lui a fait horreur! Le voila complice de la plus miserable des Mères... (Hélas! il en est puni! mais qui punira cette infame Corruptrice!... Qui la punira! le mepris, la haine de sa propre Fille; l'horreur, l'effroi qu'elle lui inspire, et qu'elle a fait passer dans mon cœur, dans le cœur de Tous-ceux à qui cette Fille a marqué de la confiance; dans celui de tout le Voisinage, qui consît sa conduite! Un mepris universel! O Dieu! coment cette Malheureuse peut-elle le suporter!)

Devenu heureux et coupable, mais sans perdre la qualité d'honête-home, je jurai de nouveau à Sara, d'après les sentimens de mon cœur, un éternel atachement. Oui, je sentis pour cette Fille une tendresse inexprimable; je sentis qu'elle était ma Femme, selon les loix de la nature: après sa complaisance et mon bonheur, je me regardai come ne fesant plus qu'un avec elle: ,,C'est à-présent que tout nous est comun (lui dis-je), ma chère Sara; les sentimens et les biens: Sois ma compagne cherie; conserve-moi à-jamais la confiance
dont

dont tu m'as honoré : Ce que tu viéns
de m'accorder, est un lien indiſſoluble
pour moi ; qu'il le ſoit auſſi pour toi ,
ma charmante Fille ! ,,Il le ſera, mon
Bon-ami , ét tu verras combién mes ſentimens ſont ſolides ! je ne changerai jamais : tu ſeras mon Ami, mon Mari,
mon Pére ; je ſerai ton Amie, ta Femme,
ta Fille à-toujours; car je veux reünir
tous ces titres à ton égard. J'en ai jamais
conu Perſone qui te valût; tu es mon
choix, à moi-ſeule , ét jamais je n'en
ferai d'autre ,,. ¶ A quoi ſervirait-il
de rapporter ici nos tendres careſſes ;
les baiſers pris ét rendus? Nos bou-
ches, ces organes de la tendreſſe ét de
la volupté, diſaient, exprimaient ét
prouvaient enſuite par de charmantes
unions, les ſentimens qui nous ani-
maient. Ce fut aprés ces momens heureux, ét dans l'ivreſſe qu'ils nous inſ-
piraient, que nous deſcendimes pour
ſouper. Quel agreable repas ! Sara,
la tendre ét ſenſible Sara mangeait ſeule
avec moi ; elle poſa ſur le mien ſon pied
delicat: devenu à ſon tour l'organe d'un
ſentiment plüs contraint , il exprimait
tout ce qu'elle voulait me faire entendre, ét ſes beaux ieux le confirmaient.
[Il ne faut pas oublier, qu'en écrivant
ceci, je me croyais aimé de Sara.]

XII Partie.   G g

1781 Sara est très-jolie : Voici un trait que j'ai oublié de dire : A chaque fois qu'elle venait chez moi, je la reconduisais, et la voyais descendre un étage : lorsqu'elle était au tournant, elle s'arrêtait, pour me regarder, et m'envoyer le baiser napolitain : Dans ce moment, où elle sortait de mes bras, où son teint, naturellement brillant, était encore plüs animé, elle avait un éclat éblouissant ; elle n'avait pas l'air d'une simple mortelle, c'était une Deesse : jamais l'imaginacion même ne peut creer le charme qu'avait en cet instant la realité ; c'était la plüs belle rose ! Avec cela un air si tendre, si passionné !… Hâ-Dieu ! coment, coment ! avec l'âme ardente que la Nature m'a donée, aurais-je pu resister !… ¶ Sara devait rester absolument à la maison, à dater de ce jour-là : ainsi le lendemain, elle n'ala chez ses Maitresses que pour leur dire adieu. Sa Mère desirait depuis longtemps de la ravoir chez elle : mais Sara qui avait pris de l'amitié pour ses Maitresses, plaidait chaque semaine pour y retourner. Mad. Debee-Leeman m'eût obligacion de la facilité avec laquelle sa Fille consentit enfin à se fixer avec elle. De mon côté, je fus transporté de joie, et j'envisageai pour l'avenir tous mes jours come heureux.

Les comencemens du fejour de Sara
me confirmérent dans cette idée : Elle
venait me voir deux fois le jour : Nous
avions des entretiens charmans. Le 2
Févrÿer, qui fe trouvait dans cette premiére femaine, fut un des plüs beaux
jours de ma vie : mais le 4 le furpaffa.
Ces deux jours-là, Sara parut à mon
égard, le plüs tendre des Filles, ét la
plüs complaisante des Maîtreffes : fa
confiance fut fans bornes ; elle ne re-
ferva rien ; elle m'ouvrit entiérement
fon cœur, ét me dona toute fa perfone :
Elle f'étendit fur la haîne qu'elle avait
pour fa Mére ; ét cette haîne alait jufqu'à
l'horreur ; mais elle la motivait d'une
manière qui fesait honeur à fa vertu.

„ Puifqu'il faut que je fois une Malheureuse (me dit-elle), je veux choisîr
come je dois tomber ; que ce foit aumoins dans les bras d'un Home eftimable ét fûr, qui ne m'abandone jamais,
qui me ferve de Père, ét avec qui ma
faibleffe foit un lién de plüs qui l'atache à moi „. (Je n'aurais pas cru cette
Fille capable d'un pareil raisonement ;
il m'enchanta, tout vicieux qu'il était,
parce que je m'en trouvais l'objet).
„ Dans ma trifte posicion, livrée par
une Mére, je n'ai pas été auffi malheureuse que naturellement j'aurais dû l'ê-

tre : M. De-Vefgou (l'home du *Palais-royal*), m'a traitée plutôt en Fille pro-tegée qu'en Maîtreffe : une-fois qu'il eût conu la difference de mes fentimens d'avec ceux de ma Mère, il en usa de la manière la plüs honête et la plüs ge-nereuse. ,,Je croirais cometre un fa-crilége (me difait-il), de vous traiter come une autre Fille ; foit par principes acquis, foit par caractère, vous êtes la vertu même. Reftéz vertueuse, ma chère Bettj ; (il m'apelait de la forte, en anglifant un de mes noms) ; quoique je vous trouve charmante, je ne pré-tens pas y nuire. Dans le monde, je paffe pour un Home fans mœurs ; j'ef-père vous prouver que cette reputacion n'eft pas meritée. Cependant, il faut que je vous *entretiénne*, à cause de vo-tre Mère, qui chercherait à vous doner à d'Autres : Mais vous ne devéz pas vous effráyer de nos convencions, de mon langaje ét de ma conduite en fa présence : Je vous avouerai que pour la contenir, et lui imposer, je la traite-rai, devant un certain Monde, ét quand nous ne ferons que nous-trois, avec tout le mepris qu'elle merite : On retiént ainfi les Femmes de fon efpèce : mais, à votre égard, foyéz perfuadée, que je reffens toute l'eftime dont vous êtes di-

gne. Je me trouve le plûs heureux des
Homes d'avoir prêté l'oreille à fes proposicions, autant par raport à vous,
que par raport à moi-même: Pour vous,
je ferai un Defenfeur; ét quant à moi,
j'aurai trouvé, pour partager mes plaisirs, un Objët qui ne m'avilira pas; un
Objët eftimable, que je pourrai cherir,
honorer, qui m'infpirera plûs de tendreffe que de desirs, ét dont je pourrai
dire du bién à mes Conaiffances: ce
qui eft infiniment rare dans les Filles
de la Claffe où votre Mére vous a fait
defcendre..... ¶ Je vous avouerai que
ces fentimens, fans me doner d'amour,
firent difparaître ma repugnance: Je
crois même que j'euffe enfin aimé M.
De-Vefgou, f'il avait été mon choix,
come vous l'êtes. Je m'atachais à lui,
quand il partit pour un voyage. Ma
Mére, qui fe laffait de fon joug, profita
de fon abfence, pour l'indifposer contre moi. Il tomba malade; il m'écrivit, qu'un mot de ma part contribue-
rait à lui rendre la fante: Ma Mére fe
fit lire la Lettre par fon Florimond, ét
ne m'en parla pas. Une feconde eût
le même fort. M. De-Vefgou ne re-
crivit plus. A fon retour, il vint voir
ma Mére, ét lui temoigna fon indignacion, contre ce qu'il nomait *la dureté*

de mon procedé. ,, La voila ! repondit ma
Mère ; elle ne s'atache à Perſone : c'eſt
une âme de boue, ſans naturel, ſans
reconaiſſance ,,! Ce fut ainſi que ſe
fit la rupture.

C'eſt qu'elle voulait me doner à M.
Legraînier, qui lui promettait 20-mille
francs, pour moi, mais qui devaient
être remis entre ſes mains. Je ne goûtai pas cet échange, auqnel je me re-
fuſai abſolument. Je declarai, que ſi
je n'avais pas de bien, je voulais me
ſervir de mon état, ét travailler. On
me repondit que j'en étais la maîtreſſe ;
On m'ôta mes robes ; on me laiſſa ſans
mantelet ; on me diſait, Qu'il ſalait que
je me miſſe en petite-Ouvrières : On
m'interdit la maiſon. Tout cela me
recompenſait, aulieu de me punir : j'é-
tais tranquile ét contente. Je crois
qu'on ſ'en aperçut, quoique je diſſimu-
laſſe ; ou l'interèt mit du changement
dans les idées ; à-moins que ce n'ait été
un effet de l'inconſtance naturelle ; on
reprit l'ancienne manière. Je revins
le Dimanche à la maiſon ; j'y vis M. Delarbre ; il m'aima : On ſeignit de prêter l'oreille aux propoſicions d'un mariage, dōt on etait bien éloignéé d'avoir
le deſſein, ét on me berça de cet eſpoir,
bién ſûre detrouver des cauſes de rup-

ture, tant qu'on voudrait. C'est ce qui n'a pas manqué ,,. ¶ Sara glissait legèrement sur l'article de Delarbre, je le vis bién. Elle l'avait reellement aimé; mais elle n'en convint pas alors. Cependant elle était persuadée que sa Mère n'avait jamais eú l'intension de la marier. ,, Elle voulait seulement (me dit-elle), en faire courir le bruit dans le quartier, pour relever sa reputacion; car elle est conue. Tout le monde la montre au doigt, et quand je sors avec elle, j'entens souvent derrière ou à-côté de moi, *Pauvre Petite!* D'autres-fois, on dit assez haut : *Voila une Fille qui ne peut avoir une plus mauvaise compagnie que sa Mère!* Aussi, je voudrais ne jamais sortir, tant je suis honteuse de paraître avec elle ,,.

Je sais que j'en suis detestée : elle me regarde come fesant partie de son *avoir*; je suis pour elle un Etre dont elle entend tirer parti, sans egard à ce qui peut en resulter pour moi ; honeur, reputacion, état futur, santé, tout cela l'inquiète peu : Elle a sacrifié inhumainemt ma Sœur, qui est morte sa victime. Si j'ai tenu côtre ce que j'ai eú à souffrir, c'est que j'etais, dans ma jeunesse, d'un caractére gai, folâtre, sans souci, sans reflexion : Ma Sœur-aînée, au-contraire , était posée, reflechie ; c'était une Perfone à l'âge de treize ans. Elle prit le chagrin à cœur, et elle en est morte !..... Que je l'ai regrettée ! c'était ma Compagne, mon Amie, ma confolacion !... Je n'oublierai jamais fes dernières paroles : ,, *Ma chere Sara, tu pleures fur moi! hâ! je pleure fur toi avec plûs de raison! que deviendras-tu entre les mains de notre cruelle Marâtre! Mais je prierai Dieu pour toi; j'efpère d'être fauvée; car je meurs martyre* ,,. Et elle mourut une heure après, pendât une querelle que lui fesait ma Mère ... O mon chér Papa, je me jette entre vos bras ! foyez tout, tout pour moi, ét pour m'être davantage, foyez... Père... Amant.., ¶ (Dieu tout-puiffant ! tu ne m'as pas fait une âme pour resifter à cela !)

Elle agit, ce jour-là, en conféquence de la prière qu'elle venait de me faire... ét mes fermens d'un atachement éternel redoublèrent. (J'atefte le Ciel combien ils étaient fincères !) ,, Etre aimé de toi, ma belle Sara (lui disais-je), c'est être un Dieu ! le bonheur est dans tes bras : laiffe-moi goûter le bonheur; que je fixe, aumoins quelques inftans, cet éclair, qui ne jète fouvent un éclat de lumière fur les faibles Mortels, que

1781

pour les plonger enfuite dans une obfcurité plûs profonde !... Je fuis heureux, et je te le dois ! à toi, à toi, ma
Sara, celle de toutes les Creatures, à
qui j'aime mieux le devoir !..... Qui
peut oublier de pareils inftans ! Coment deux cœurs qui fe font confon-
dus, pourront-ils exifter autrement
que l'Un pour l'Autre ?... Non, non,
je n'ai defiré le bonheur fuprême, que
pour t'aimer davantage ; que pour être
plûs à toi ; pour qu'il n'y eût pas au
monde de Femme qui doive m'être auffi
chère... Voila ma Divinité, car elle
me rend heureux ; voila *Sara !* ce mot
renferme tous les éloges ; il exprime
Ce qu'il y a de plûs parfait dans la Nature ; Ce que j'aime le mieux, et Ce
qui est plûs digne de l'être ! ,,Tu fais
bién aimer ! jamais je n'ai trouvé de
cœur come le tien (me repondit-elle):
auffi jamais tendreffe ni conftance n'é-
galeront ma conftance et ma tendreffe !...
fi tu es heureux, je partage ton bonheur. ,,Tu le caufes, ma Sara ; il
est ton ouvrage ! ,,Il me fera plûs
doux d'en jouir avec toi, et par toi...
,,Tu m'aimes ! ,,Je t'adore. ,,Toi,
Sara ! ,,Oui, c'est de l'amour que j'e-
prouve ; je le fens, je te le jure. ,, Peutêtre, hêlas ! vaudrait-il mieux... ,,Co-

1781 ment! toi, fi delicat, tu te contenterais d'un autre fentiment! Hâ! mon Ami, tu te trompes! tu es aveugle fur le vœu de ton cœur! C'est de l'amour que le tien exige, ét j'ai le bonheur de pouvoir t'en offrir! ,, Est-ce un fonge, grand Dieu! ,, C'est la realité (fe jetant dans mes bras), ét ta *Jeune-amie* n'est pas une Ombre. Que ce baiser... te le prouve. ,, Hâ! que tes preuves font charmantes, ma Sara! done-les-moi fans-cefle ,,.....

Voila le plûs heureux temps de ma vie; oui, de toute ma vie!

Si ce jour fut heureux, tous les autres lui reffemblaient. J'étais l'oracle de Sara, elle me confiait fes moindres penfées; mon goût pour elle fe fortifiait chaque jour. Je regardai le fién come folide; je vis en elle une Fille cherie, qui me fermerait les ieux, à qui je laifferais un-jour tout ce que mes malheurs ne m'avaient pas ôté. Je n'étais auparavant environé que d'Ennemis ét d'Ingrats; je trouvais dans une Jolie-Fille de dixneuf ans, une aimable ét tendre Amie, ma plûs proche parente, puifqu'elle fesait mon bonheur; une Epouse, puifqu'elle fe donait elle-même; je m'y livrai tout entier. Come je voulais veritablement lui fervir de Père, que je lui trouvais de l'esprit, d'après nos entretiens, encore plûsque d'après sa petite Pièce, je la crus capable d'écrire, je l'engajai à s'exercer, et je trouvai qu' elle y reüffit affez bién. Mais elle se laffait facilement, come il arrive toujours, lorsqu'on fait une chose à laquelle on n'est pas habitué. On verra biéntôt un echantillon de fon talent: c'est fa propre Hiftoire, depuis son enfance, qu'elle eût fans-doute achevée, fans la Conaiffance que fa deteftable Mère la força de faire, et pour laquelle la faible Sara, qui, en depit de fes resolucions, fe laiffait toujours conduire par cette Femme, prit un goût, qui m'a mis au-desefpoir, en detruisant toutes mes efperances, en renverfant tous mes projëts. (Même après être detrompé, à tout moment je parle, come fi je croyais encore que Sara eût été vraiment tendre pour moi)... Mais le recit des peines ne viéndra que trop-tôt; il ne faut pas l'anticiper. Il me refte encore tant de delices à decrire! le fouvenir, tout dechirant qu'il est en ce moment, en sera peutêtre un-jour fi doux, qu'il faut les retracer avec complaisance!...

Sara, en me donant fa confiance, fon cœur et fa perfone, ne m'avait pas encore montré toutes les delices qu'elle savait procurer. Les plus doux momens de ma vie ne furent peutêtre pas chéz moi, dans ses bras ; c'est au spectacle qu'elle me les dona. Le Dimanche qui suivit son séjour à la maison, notre intimité était à son comble : nous vivions presqu'absolument ensemble ; nous nous tutoyions ; nous n'avions rien de reservé l'Un pour l'Autre ; et ce qui redoublait en moi le sentiment de mon bonheur, c'était de me dire : ,,Quelle felicité m'atendait à 46 ans !… En causant avec Sara, je lui temoignai combién j'aurais de plaisir à la mener au spectacle ! Nous primes, de-concert avec sa Mère, le Mardi suivant. Mais le lendemain, áyant trouvé Sara joliment coïfée en chapeau-à-l'anglaise, qui lui alait à ravir, je lui dis tout-bas : ,,Quel domage qu'une si jolie toilette soit perdue ! Alons à la *Foire*? ,,Maman n'est pas habillée. ,,Je vais lui demander de nous permettre d'y aler ensemble ,,? Quoiqu'une pareille demande fût contre les principes de la Mère, j'étais encore si bién dans son esprit, que j'osai la faire, et qu'elle me fut accordée. Nous partimes seuls, Sara et moi, et nous entrames chéz *Nicolet*, dont elle desira de voir le spectacle. J'avais été autrefois aux *Italiéns*

avec

avec *Virginie*, ét ç'avait été un fuplice.
,, Voyons (penfai-je), come va fe comporter ma Jeune-amie dans cette occasion? fi elle fera coquette, étourdie
come Virginie,,? Nous nous plaçames
au parquet. Des Jeunes-gens nous en-
vironaient. Tous admirèrent Sara,
qui en-effet était raviffante. Je l'obfervais. Elle ne jeta pas un coup-d'œil
fur eux : elle ne f'occupa que de moi.
Je lui tenais la main, ét come elle avait
une grande peliffe, elle me fit paffer un
bras autour de fa tâille, elle prit ma
main dans la fiénne, elle la preffait toutes les fois que le jeu lui fesait quelque
plaisir. Je l'avouerai, mon cœur na-
geait dans la joie. Je me voyais aimé,
cheri ; l'amour ét l'amour-propre étaient
également fatiffaits ; ils me causait une
égale ivreffe : Glorieux d'être avec la
plüs Jolie-perfone de la chambrée, j'a-
vais encore la delicieuse idée, que j'en
étais préferé !... Oui, ce fut là le plüs
grand, le plûs complet des plaisirs que
m'ait doné Sara... Nous retournames
le lendemain au même fpectacle avec
fa Mère ; ét je fus prefqu'auffi heureux :
La vue feule de cette Femme, que Sara
me fesait detefter, troubla un-peu mes
plaisirs. Mais j'en fus bien dedomagé
au-retour !... Nous arrivames à la porte

XII Partie.   H h

de la grille, fans lumière : Florimond,
à qui la Mère avait prefcrit de nous
atendre, ne fe préfenta pas tout-d'un-
coup ; de-forte que nous montames
dans l'obfcurité. Sara voulut que je
paffaffe devant, et elle prît ma main,
Au-milieu de l'efcalier, je fentis fur
cette heureufe main, la bouche de rofe
de ma Fille, de mon Amante !... Non,
il n'eft pas de termes pour exprimer ce
que j'éprouvai ! Hâ ! come dans ce
moment je l'adorai !... Mon cœur f'é-
lançait hors de moi-même, pour aler
à elle ; ou plutôt, j'aurais voulu qu'il
f'ouvrît, pour l'y recevoir !... ,, Fille
adorée (lui dis-je tout-bas), chaque
jour tu augmentes mon bonheur, et tu
me decouvres en toi des perfecçions
nouvelles, pour le rendre durable !
,, Puiffé-je, mon Papa, être ce que tu
dis ,, ! Elle ne me fit que cette courte
reponfe, parce-que la lumière vint.

Nous foupames enfemble tête-à-tête,
Sara et moi ; fa Mère n'ayant pas d'a-
petit, et fe trouvant fatiguée, elle fe retira dans fa chambre-à-coucher, et fe
mit au lit. Quel fouper delicieux !
avec un Objét charmant, adoré, dont
on fe croit cheri à quarantefix-âns !...
Que ne puis-je retracer tous ces details
enchanteurs !... Mais ils embrâferaient

l'imaginacion de mes Jeunes-lecteurs, 1781
qne je ne veux qu'inftruire... Tout ce
qu'une Fille tendre peut dire à l'Amant
qu'elle eftime et qu'elle aime, Sara me
le disait. Nous venions du fpectacle ;
j'étais encore dans l'ivreffe de l'admira-
cion qu'avait excitée Sara ; de fon atenfion à moi feul ; des careffes contraintes,
mais charmantes qu'elle m'avait prodi-
guées : elle m'avait fait oublier mon
âge ; elle m'avait reporté aux annees
heureuses de ma jeuneffe ; elle me les
rendait préfentes, et l'illusion était fi
forte, que j'avais, en ce moment, cette
gaîté, cette fleur-d'efperance, qu'il eft
fi delicieux de fentir, quand un long
avenir l'offre en perfpective ! j'étais
jeune enfin, et ce mot explique mieux
que toute autre peinture, à quel point
j'étais heureux : Nouveau *Titon*, je me
voyais dans les bras de l'*Aurore* ; Sara
en avait les charmes. C'eft avec ces
difpoficions, que je me trouvai feul
avec Sara : nous foupions tête-à-tête ;
elle me fervait, je la fervais ; nous nous
difputions le plaisir de nous faire manger ; tous les fens jouiffaient à-la-fois,
la vue, l'ouïe, l'odorat, le touchér, le
goût, le goût même, qui femble fi peu
fait pour l'amour !..... Ces momens,
et ceux qui les fuivirent, furent trop

1781 heureux; les Dieux, dont la felicité était moins pure, en furent jaloux....

Pendant le carnaval, nous alames plusieurs fois au spectacle ensemble avec sa Mère ét Florimond ; mais une seule fois nous y retournames seuls, ét j'y fus auſſi heureux que la première. J'obtins Sara très-adroitement : J'avais promis à la Mère des graines ét des oignons de fleurs ; je devais les aler chercher au jardin d'un Ami : j'y avais mis pour condicion, que j'irais avec Sara : Le temps se trouva beau ; la Mère était heureusement occupée ; je demandai Sara, que l'envie d'avoir les fleurs me fit accorder. Florimond nous accompagnait. En chemin, je dis tout-bas à Sara : ,, On lui donera les graines ét tout le reſte, come à moi-même ; je me suis précaucioné ; voila une Lettre toute prête : Alons au ſpectacle ,, ? Elle y conſentit : on ſent qu'elle devait aimer ce genre d'amusement. J'en parlai à Florimond, qui heſita. Enfin, il ſe rendit, à-condicion qu'il irait demander la permiſſion à la Mère. Il nous aporta cette heureuse licence, ét nous partimes ſans lui : car Florimond ala chercher les graines. Seul avec Sara, j'étais plŭs heureux qu'un Souverain adoré ſur ſon trône. Hô ! quel plaisir d'ê-

1781

tre ſeul avec Ce qu'on aime !...   Le Co-
cher qui nous conduiſait, come ſ'il
eût deviné ma penſée, prit un chemin
très-long: de la *Vieille-place-aux-veaux*,
il paſſa par les ponts *Marie* et *de la Tour-
nelle*, la *Place-maubèrt*, la rue *Galande*,
celles *Saintſeverin*, *de-la-Bouclerie*, *Saint-
andré*, *de la Comedie*, *des Quatrevents*.
,, Nous ſerons plûs longtemps en tête-à-
tête, me diſait Sara. ,, N'y ſerons-nous
pas au ſpectacle, ma Fille?... Je n'y
verrai que toi. ,, Et moi donc, Papa!
mes ieux n'en chercheront pas d'autres
que les tiéns !...   A-propos, il faut que
tu aies bién la confiance de Mylady-
Terreur, pour qu'elle me laiſſe aler ſeule
avec toi! tu es le premier! Par quel
heureux accord, nos ſentimens toujours ſi differens, ſe rencontrent-ils,
lorſqu'il ſ'agit de toi! Elle t'eſtime autant que je t'aime: elle te confierait...
tout ... puiſqu'elle te confie ſes eſpe-
rances... ,, Son treſor. ,, Oui, ſon
treſor... je l'ai été dumoins, ou, ſi tu
veux, j'en ai été l'occaſion... Elle dit
qu'elle a été belle femme ; mais ſes ieux
de Megére ont toujours mis en ſuite
les Ris, les Grâces, les Amours èſ les
Amans. ,, Les tiéns ſont ſi doux! ,, Elle
a eu tout mieux que moi, hors les ieux.
,, Hors les ieux ! mais c'eſt tout, que

les ieux, ma Fille! ce font les *vitres* de l'âme; on ne peut la voir parfaitement que par eux. Hâ! que les tiens indiquent une âme honête, fenfible! ,, Mais je fuis fenfible à l'excés, mon Bon-ami: Ne mets jamais à l'épreuve cette fenfibilité, qui n'a fait encore que mon fuplice! je ferais plûs affectée de ce qui viéndrait de ta part, que de tout ce qui m'est arrivé. ,, Si, je veux la mettre à l'épreuve; mais c'est en redoublant de tendreffe, pour l'exciter davantage. ,, Coment veux-tu donc que je t'aime? ,, Come à-préfent; mais toujours: tu m'as accoutumé au bonheur; je n'en pourrais fouffrir la diminucion, ,, Je me charge du tién ,,.

Nous arrivames à cet inftant. Il vint à-côté de nous une très-jolie Femme avec fon Mari, ou fon Amant: Elle avait les plûs beaux cheveux cendrés, un fourcil noir, un bel œil, l'air diftingué: Sara l'admirait, ét me la fit remarquer. ,, Elle est bién, lui repondis-je, très-bién! mais vous l'emportéz ,,. Cette Femme f'aperçut de l'atenfion que lui donait Sara; elle en parut flatée, ét l'occafion f'étant préfentée de lui dire quelque chose, elle le fit d'un ton fi obligeant, qu'il n'était pas poffible de f'y refuser. Cependant Sara y

repondit avec la plûs grande froideur.
J'en fus furpris, ét dans l'entr'acte, je
le temoignai. ,,Je ne veux m'occuper
ici que de toi: dailleurs, cette Femme
est charmante, ét je fuis naturellement
trés-jalouse. Si j'avais lié converfacion, elle t'aurait parlé; tu as trop de
merite pour ne pas la fraper; ét fi elle
alait prendre les fentimens que j'ai pour
toi ,,!... Je fouris, en lui repondant:
,,C'est l'impoffible; mais les prît-elle,
je n'adorerai jamais que Sara ,,. Elle
f'empara de ma main, à ce mot; elle
la preffa tendrement, ét ne la quitta
plus: Elle contraignit jufqu'à fes regards; elle ne vit que moi. Cetté conduite, envérs un Quarantecinquenaire, était auffi flateuse qu'adroite:
elle augmentait le charme, ét refferrait
les liéns qui m'atachaïent à ma Jeune-
amie. ¶ A notre retour, Sara fut gron-
dée par fa Mére. Je compris qu'il ne
ferait plûs poffible de fortir feul avec
elle: j'éprouvai un fentiment de trif-
teffe, le premiér que ma paffion m'eût
encore occasionné. Au premiér beau-
temps que la faison nous dona, nous
fimes, quoiqu'avec la Mére, des promenades charmantes: Sara me donait
le bras, et je ne fais où elle prenait toutes les choses agreables qu'elle ne di-

1781 sait. Quelquefois on sortait avant moi, pour ne pas doner à parler dans le voisinage, et j'alais rejoindre. Un jeudi, on ala aux *grands-Boulevards:* J'avais affaire jusqu'à sept heures, et on me dit que j'étais le maître de ne venir qu'à ce moment-là. Je me hâtai, et j'arrivai à six. La joie, en m'apercevant, brilla dans les ieux de Sara. » Que je me suis ennuyée, en t'attendant (me dit-elle); tout me déplaisait, et tout me paraît charmant, à-présent que mes ieux, avant de le voir, se sont reposés sur toi »! En-effet, je l'avais vue triste avant qu'elle pût me découvrir, et elle devenait de la plûs aimable gaîté, depuis mon arrivée. A notre retour, j'éprouvai encore la sensacion délicieuse de me sentir baiser la main dans l'escalier. ¶ Ce fut à cette époque, c'est-à-dire dans le temps où Sara m'était le plûs chère, qu'il se présenta pour elle, par mon moyen, une occasion très-avantageuse. Bultèl-Dumont, Trésoriér-de-France, garson, jouissant d'une fortune considérable, un-jour que j'avais diné chéz lui, me confia l'état de son âme, et me montra qu'il était malheureux. Je fus également touché de sa peine, et du desir de doner un Ami vertueux à Sara, que j'en croyais la plûs

digne qui fût au monde. Je parlai d'elle
avec enthousiafme, et dans l'excès de
mon amour pour elle, je resolus de me
facrifier. Je croyais le pouvoir. Mon
Ami demandait une Amie, une Fille,
une *Heritière*; ce fut son expreffion; en-
un-mot une Perfone qui fit eprouver à
fon cœur flétri les douceurs d'un tendre atachement. La plus grande partie de fa fortune devait marquer fa reconaiffance. Je penfais, que je ne pouvais pas, fans un coupable égoifme,
priver Sara d'un fi grand avantage: nous
primes jour, mon Ami et moi, pour la
lui montrer; et je courus, en le quit-
tant, anoncer, tranfporté de joie, cette
heureufe nouvelle à Sara. Elle refufa,
mais faiblement. Je combatis fes fcrupules, et elle fe rendit, en me remer-
ciant. Ce moment parut pour moi,
celui où j'étais le mieux dans fon cœur.
Cette affaire ne reuffit pas; mais je croyais alors Sara telle que je l'ai depein-
te*. ¶ Je fis donc voir Sara à mon Ami.
Bultël - Dumont fourit, en abordant
la Jeune-perfone: Soit penetracion naturelle, ou conaiffance acquise du cœur
humain, par l'usage du monde, il fe
defiait d'une Jeune-fille, qu'il trouvait
intereffée. Je voyais Sara avec d'autres

95
Eftamp.
(bis).

* Voyéz les deux *Cinquantenaires*, dans L'
ENCLOS & les OISEAUX.

ieux : On saura par la suite Lequel des deux s'est trompé. M. Dumont sortit, non pas absolument décidé à ne plus voir Sara ; mais très-déterminé à ne pas s'exposer au regret d'avoir dépensé pour une Ingrate. Ce n'est pas qu'il la soupçonât de m'aimer : une pareille idée lui semblait absurde ; il n'en aurait pas cru l'assurance formelle, que Sara et moi réunis, lui en eussions donée. Cependant il ne revint plus depuis : mais il en fut tenté plus d'une fois ; quoiqu'après la rupture entière, il ait marqué pour cette Jeune-persone le plus grand dedain, et pour sa Mère le plus profond mépris.

Je demeurai donc à ma Sara, et j'en fus comblé. J'avais senti, au-milieu des accès de ma générosité, qu'il ne m'était pas aussi facile de la ceder que je l'avais cru. Pour Sara, elle parut si piquée contre M. Dumont, que je fus plus d'une fois tenté de croire, qu'elle regrettait les avantages qu'il lui aurait faits, tout en detestant sa persone. Mais je m'arrêtai d'autant moins à cette idée, que les discours de Sara étaient opposés à ce que son air et sa conduite semblaient anoncer. Pour la Mère, elle était furieuse : Elle me regarda come l'uniq auteur de la retraite de M. Dumont, et elle dit plus d'une fois à sa

Fille de moi : ,, Cet Home vous fera
manquer mieux que lui cent fois : qui-
téz-le ,,.   Sara s'y refusa.

Sara ne m'en parut pas moins atachée
aprés la retraite de Dumont (cependant elle l'etait moins); aulieu que sa
Mère montra dès-lors le dessein de rompre.   De mon côte, j'étais charmé de
me voir moins recherché par une Femme
telle que sa Fille me l'avait dépeinte ;
je la negligeai à mon tour.   Dans ce
même-temps, je recomandai à Sara une
Coîfeuse, en place de son Coîfeur, dont
sa Mère était mécontente.   Cette Fille,
qui avait été cuisinière de *J.-J.-R.*,
m'interessait à ce titre seul ; mais c'était
un Mauvais-sujët.   Elle fit des raports
qui mirent la Mère de Sara en fureur,
contre Agnes-L., qui me l'avait fait conaître :   Mad. Debée ala quereller ma
Femme chéz elle, ét peu s'en salut qu'
elle ne la batît.   Elle ala plus loin ; elle
parla contre moi, d'aprés ma conduite
recente, relativement à mon Ami ; ét
par un seul môt, elle la présenta sous
le jour le plûs odieux.   Ce fut encore
sa Fille qui m'aprit tout ce qui s'était
passé à cette occasion.   J'entrai en fureur à mon tour, ét je voulais... Sara
me retint avec peine.   Enfin, rentrant
en moi-même, je la pris dans mes bras :

1781 ,, Voi ton pouvoir fur moi, chère Amie,
(lui dis-je) : Nulle-autre que toi ne
l'aurait eû ,, !

Mon bonheur était prefque detruit,
puifque j'avais contre moi la Mère de
Sara : mais ma Jeune-amie me paraiffait égalementatachée : Sa Mère lui disait quelquefois : ,, Je me brouille avec
M.-Nicolas ; mais cela ne vous regarde
nullement : qu'il demeure votre Ami,
votre Père ; j'y confens ; je furmonterai,
par amitié pour vous, la repugnance
que j'ai à le voir ,,. Elle ne f'en tenait
pas là : come elle avait formé un plan
digne de l'atrocité de fon caractére, elle
jetait adroitement fur moi un ridicule
fouvent repeté. Ce n'est pas qu'elle
n'eût un pouvoir abfolu fur fa Fille ;
elle n'avait qu'à dire un mot, et Sara
n'aurait pas ofé (ou n'aurait plus voulu)
me voir : mais come c'était elle qui l'a-
vait obligée de me rechercher, elle ne
voulait pas fe contredire trop visible-
ment : Sara était une grande Fille, avec
laquelle il falait plûs de menagement
qu'avec une Enfant. Aurefte, toutceci
n'est que des conjectures : Le judicieux
Lecteur verra par la fuite , ce qu'il doit
penfer des motifs de la Mère, et du caractére de la Fille.

Une autre raison de l'efpèce de menagement

nagement que la Première avait pour
moi, c'est que depuis longtemps je
m'étais chargé de l'entretién de Sara:
je croyais les moyéns de la Mére bor-
nés: D'après ce qu'elle m'avait dit, le
jour de ses cris, sur la privacion forcée
de sa Fille, j'avais offert, par amitié pour
une Jeune-persone que je regardais come la mienne, de payer sa pension; la
Mére avait accepté cet arrangement,
que j'avais présenté avec toute l'honêteté possible, pour menager la pudeur
de ma Jeune-amie. L'étage audessous
de moi était le plûs agreable de la maison; je le demandai pour Sara, qui s'y
établit à Pâques. Elle fut ainsi logée,
non chéz sa Mére, mais chéz son Papa
d'amitié; car je m'étais chargé du loyer
avec plaisir; il n'y avait rién là qui re-
pugnât à ma delicatesse; tout ce que je
fesais, c'était pour ma Fille.

Ce fut ici le temps de notre plûs
grande intimité: mon atachement se
fortifiait journellement, par mille pe-
tites jouissances, que je n'avais pas encore goûtées: j'étais come si j'eusse demeuré avec Sara, n'ayant qu'une douz-
aine de marches à descendre: Il semblait que je l'eusse toujours devant les
ieux: nous avions une conversacion
muéte, en frapant au planchér; c'était

XII Partie.   I i

1781 le moyen qu'elle employait pour m'avertir, quand elle rentrait, ou quand elle fortait pour aler chéz fa Mére, ou lorfqu'elle fouhaitait que je defcendiffe pour caufer : je lui repondais, ét nous convinmes peu-à-peu des differentes manières de fraper pour nous entendre, nous dire bon-jour, bon-foir, nous envoyer un baiser. Dans les intervales de fes occupacions, elle prenait fa harpe, ou fa guitare, ét j'avais le plaiſir de l'entendre chanter des couplets analogues à nos fentimens. Cependant ce n'étaient pas ceux qui me plaiſaient davantage ; j'avais un goût fingulier pour la Romance, *O ma tendre Musette*, fans que je puffe m'en doner de raiſon, fi ce n'est que Sara la chantait à ravir. Mais il y en avait d'autres qu'elle chantait également bién. Auffi, dès que je defcendais pendant que Sara était à fa harpe, elle la quitait pour la guitare, ét me chantait ma favorite, en f'accompagnant. Je l'écoutais avec tranfport, ét je ne pouvais retenir mes larmes. Voici les paroles de cette Romance, que je conferve, écrite de fa main :

Air : Defiez-vous fans ceffe.

O ma tendre Musette,
Musette, mes amours !
Toi, qui chantais Lisette,
Lisette ét mes beaux jours !

D'une vaine eſperance,
Je m'étais trop flaté;
Chante ſon inconſtance,
Et ma fidelité !

C'eſt l'amour, c'eſt ſa flâme
Qui brille dans ſes ieux :
Je croyais que ſon âme
Sentait les mêmes feux :
Lisette à ſon aurore
Inſpirait le plaisir :
Hêlas ! ſi jeune encore,
Sait-on dejà trahir !

Sa voix, pour me ſeduire,
Avait plûs de douceur ;
Juſques à ſon ſourire,
Tout en elle eſt trompeur ;
Tout en elle intereſſe,
Et je voudrais, hélas !
Qu'elle eût plûs de tendreſſe,
Ou qu'elle eût moins d'apas.

O ma tendre Muſette,
Conſole ma douleur ;
Parle-moi de Liſette ;
Ce nom fit mon bouheur :
Je la revois plûs belle,
Plûs belle chaque jour :
Je me plains toujours d'elle,
Et je l'aime toujour.

(Combien de ſois depuis, n'ai-je pas
repeté, en pleurant, ces tendres reproches !)... ¶ Le jour de Pâques, j'étais
triſte, ſans en ſavoir la raison : J'aimais Sara ; je m'en croyais cheri, dumoins en Père. Je l'entendis à ſa har-

1781 pe : je frapaí de la manière qui exprimait un *bravo*. Elle y répondit par celle qui me priait de defcendre. J'accourus. ,, Tu m'as parlé d'un *O Filii*, que je voudrais entendre : tâche de m'obtenir feule ? ,, De tout mon cœur. ,, En recompenfe, écoute *O ma tendre Mufette*; je me fens en goût ,,. Elle prit fa guitare, et préluda. Non, jamais accens ne furent fi touchans ! ,, Hâ ! Sara, m'écriai-je, tu me ravis,, ! Et je fondais en larmes. Sara, en finiffant, vint fe jeter dans mes bras : ,, Qu'a mon chèr Papa! (f'écria-t-elle); que fa Fille cherie conaiffe toutes fes peines, pour les changer en plaifirs ? ,, Je ne fuis qu'attendrí, lui repondis-je, et toutes les fois que tu me chantes cette Romance, j'éprouve avec autant de vivacité un atendriffement inexprimable.... Que ma fituacion prefente est heureufe! Mais hêlas! faibles Mortels, notre bonheur le plus doux est mêlé de la crainte de le perdre. ,, Tu le perdras, f'il depend de moi, quand je perdrai la vie. Ne fuis-je pas ta Fille, ton Amie, ta Maîtreffe, ta confolacion ? ,, Et le charme de ma vie, ma Sara : Depuis que je te conais, ma fanté affaiblie par les chagrins, f'est refortifiée : le bonheur rend la fanté, tu me le prouves, Fille adorée!... [*J'avais mal à la poitrine,*

avant de conaître Sara, depuis plûs d'un
an]. Hâ! que je te dois!.. Mais d'où
vient cette Romance me cause-t-elle un
atendrissement si vif? ,, C'est que tu
serais au desespoir, si je cessais de t'aimer! Mais ne crains rien! les motifs
de mon atachement pour toi sont immor-
tels; il ne peuvent jamais cesser. Hâ!
que ne suis-je ton Epouse, la moitié
reelle de toi-même? ,, Tu m'enchan-
tes, tu me ravis, par cette idée ,,! Elle
me dona un baiser, en me recomandant
notre *O Filii*. Le soir, je l'obtins de sa
Mére, et Florimond nous accompagna.
L'attente l'ennuya, il ala boire. Sara
ne le vit pas plutôt sorti, qu'elle me
prit la main pour sortir aussi : ,, Alons
chéz nos *Amei* ,,? (ses anciennes Maitresses). Je l'y menai avec le plûs grand
plaisir : J'estimais ces Demoiselles,
sans les conaître, parce qu'elles me
paraissaient avoir doné à Sara une partie des sentimens que j'admirais tous
les jours, ou dumoins avoir contribué
à leur developement. Nous trouvames
les deux Sœurs, qui reçurent leur ancienne Elève avec transport. L'estime
qu'elles lui temoignérent, fortifia la
mienne : Je pensai que je n'étais pas le
seul qui avais une haute opinion de
ma Sara, de ma Fille, de mon Epouse.

1781 Les trois Amies causèrent, après que
Sara eût fait mon éloge par un mot, qui
prouva, qu'elle l'avait deja fait en-particuliér.   Je fus regardé come un Dieu,
par ces Jeunes-persones.   Mon Amie
et ses Maîtresses se fesaient mille caresses ; mais d'un air si vrai, si touchant,
que j'en étais ému.   Sara, par son aisance, avait cependant la superiorité,
quoique les Dlles Amei fussent de condicion ; ce qui me prouva qu'elle ne
tenait pas d'elles tout ce qu'elle avait
d'aimable.   On parla de Mad. Debée :
les Demoiselles firent un soupir : l'œil
de Sara devint humide ; puis me tendant la main, et venant presque dans
mes bras : ,,Voila un veritable Ami,
dit-elle, ... come vous êtes de vraies
Amies...   Si vous saviéz tout ce que je
lui dois !...   On le craint à-present plûs-
qu'on ne l'aime ; on craint son honeur,
ses Conaissances...   Je lui dois le plaisir de vous embrasser aujourdhui ; mais
il faut le rendre court...   Adieu, chè-
res Amies, adieu, adieu ,,!   Elle les
quita aussitôt avec mille marques d'affecçion, qui lui furent rendues.

Mon bonheur était veritablement diminué ; mais je le sentais encore plûs
vivement que jamais.   Je soupais tous
les soirs seul-à-seule avec Sara : nos en-

tretiéns n'étaient plus gênés, ét sa Mère repetait sans-cesse, que pourvu que je fusse l'ami de sa Fille, peu lui importait que je fusse le sien. Mais il s'en falait bien qu'elle pensât ce qu'elle disait! Elle comença par forcer Sara de s'habiller pour sortir, afin de faire une *Conaissance.* Elle la menait tantôt au *Luxembourg*, tantôt aux *Tuileries*. plûs souvent au *Palais-royal*, ou aux *Boulevards-du-Temple.* A-la-verité, les premières-fois, j'étais invité à les y aler joindre, a l'heure où mes affaires me le permettraient. J'y alai dabord ; ensuite, m'apercevant du but de la Mère, je crus devoir m'en dispenser. Sara, la première fois que je manquai de les aler joindre au *Luxembourg*, monta chéz moi avec precipitacion, en rentrant, ét paraissait fort inquiète. Je la rassurai par ma tendresse et par les marques de mon atachement. Je manquai une seconde et une troisième fois : elle m'en fit des reproches, ét je conviens qu'ils étaient fondés : mais ce furent là mes seuls torts. Je fus touché de ce qu'elle me dit. ,, Vous m'abandonez à des vues que vous n'ignorez pas !.... hà ! mon Père ,, !... Un autre jour, qu'on la persecutait pour sortir, Sara, qui craignait que je ne voulusse pas l'accompagner, paſſa un billet ſous ma porte :

3me Lettre.

L'on veut abſolument que ta Femme ſorte, chèr Bon-ami! Je te laiſſe à penſer come elle va ſ'amuſer! Va, je voudrais bién qu'on vînt me delivrer de mon eſclavage!... Mais il faut ſouffrir ce qu'on ne ſaurait empêcher... Tâche de guérir ton rhume, & de te bién porter ; voila tout ce que je deſire. Cependant, ſi tu peux me trouver une place, auprès d'une Dame, come Celle dont tu m'as parlé, ou ſeulement de l'ouvrage, je trouverai de la fermeté pour reſiſter, & je vivrai ſatiſfaite, come on peut-l'être dans ma poſicion. Aime toujours,

Ton Amie pour la vie, Sara-Debée.

Je tâchai de ſervir ᵐˡˡᵉ Debée à ſon goût, de trois manières : Je lui procurai des dentelles ; je fis ſon eloge à une Dame de condicion, qui m'avait demandé une Demoiſelle-de-compagnie, et je l'engajai à ſe delaſſer les ieux et la main, en ſ'occupant de litterature. Elle y paraiſſait très-portée : mais j'étais un peu ſurpris qu'après un eſſai auſſi heureux de ſa part, que la petite Pièce qu'elle avait compoſee, elle ne fût pas plus empreſſee à faire uſage de ſes talens : Je penſai que le goût du travail de l'ai-

güille l'emportait, dans l'esprit d'une 1781
Fille, qui me paraissait la plus raisonable de toutes Celles que j'avais conues.
Elle remettait de jour-en-jour. Enfin,
en ayant été deux sans la voir, un-soir,
après notre souper, et un de ces entretiens delicieux, que je ne me rapelle
qu'en soupirant, elle me montra sa pe-
tite-bibliothèque, composée en grande
partie des Livres que je lui avais donés:
Il y a là quelque chose qui m'occupe,
et que je vous montrerai quelque-jour:
En attendant que vous le voyiez, je veux
vous doner une nouvelle preuve de la
force de mes sentimens pour vous; l'absence les fortifie, et demain, vous trou-
verez une Lettre qui les exprime parfaitement... ,, Elle sera un tresor pour
moi, ma Fille; mais, done-la-moi ce
soir? ,, Non, je veux y ajouter quelque chose... Mon Papa, mon aimable
Ami, rendons-nous confidences pour
confidences? Je t'ecrirai toutes les miennes; fais-moi les tiennes: ne me cache
rien? ,, Je te le promets, ma Sara:
j'ai deja comencé à ecrire mes Avantures, pour ma satisfaçion; je les fini-
rai pour toi. ¶ Le lendemain, je trouvai sous ma porte la Lettre suivante:

4me Lettre.

Serait-il possible qu'ayant été mal-

1781 heureuse toute ma vie, je fois deftinée encore à des peines plus cruelles que toutes les autres! Non, je ne faurais imaginer que nous devions nous feparer, mon Papa! Il vaudrait mieux que nous periffions.... Mais qu'osé-je dire, grand Dieu!... C'en eft fait, je ne veux plus vivre fans toi!... J'ai cru que mes malheurs étaient finis, lorfque je t'ai connu; mais je m'aperçois qu'ils n'en font que plus cruels!.... Je repandais dans ton fein toutes mes inquiétudes; et tu me raffurais! je te confiais mes plus grandes peines, en te fesant conaître que mes plus cruels Ennemis étaient auprès de moi, et que mes plus doux momens étaient ceux paffés à-côté de mon Père; et je vois qu'on veut me priver de cette confolacion!... Hé! à qui conterai-je mes peines, quand tu feras éloigné de moi?... Mais de quoi m'inquiété-je! Je n'aurai befoin de Perfone; tout fera fini; je ne veux plus vivre fans toi. Hélas! je començais à aimer la vie! Infortunée! pourquoi l'aimais-je, cette vie qui m'était à charge auparavant! Y avait-il longtemps que je l'aimais! Repons-moi, mon Papa? Tu es encore; j'aime à me le perfuader, malgré mon abfence depuis deux jours; mais Celle qui t'écrit, peutétre quand tu liras *ces lignes, n'y fera-t-elle plus! Mais non, elle veut vivre, puisqu'il faut qu' elle souffre ; elle vegetera dumoins, ét jusqu'au derniér moment, tu resteras dans son souvenir, come le plûs cheri des Homes! Tu vivras dans son cœur... Je suis forcée de quiter la plume; les forces me manquent.*

Ta Fille ét ton Amie.

Je l'avoûrai, quoique je visse bien que la Mère de Sara avait des vues sur sa Fille, je ne fus pas aussi effrayé de cette Lettre que je l'aurais dû. Je comptais sur le cœur de Sara, sur la solidité de ses sentimens. Je m'informai des causes de son absence. Elle me dit, que sa Mère avait eú envie de la marier à un Marchand de la rue *Saintantoine*, ét que peutêtre ce mariage se ferait. J'en fus satisfait interieurement; cet etablissement honête ôtait Sara du pouvoir de sa Mére, ét je me proposai de souffrir paciemment des peines inevitables, come celles que j'avais deja éprouvées, lors de mon devoûment en faveur de M. Dumont. Cette affaire manqua ; parce qu'en-effet la Mère de Sara n'avait jamais songé à marier sa Fille. Elle se fesait pauvre auprés des Homes à marier, ou à *aimer* : elle avait ses raisons. ¶ Cependant cette Femme ne

1781 perdait pas de vue fa vengeance, qui confiftait à m'ôter fa Fille, en la donant au Premier-venu, qui lui ferait des propoficions fuportables, dans fes idées. Mais Sara éloignait, par fon air honête, et quelquefois mauffade, tous ceux qui ofaient la fixer, lorfque fa Marâtre la mettait à une forte d'encan, dans les promenades publiques. Il est certain que jufqu'à l'inftant où Sara elle-même trouva enfin l'Home qu'elle m'a preferé, elle m'était folidement atachée: et qui le prouve, c'est que le 6 MAI (elle fut infidelle dès le 12, et elle confoma fa trahifon le 27), elle m'écrivit encore, ne m'ayant pas trouvé, pour me dire adieu, avant de partir pour aler à la Revue du Roi :

5me Lettre.

Ta Femme va bién f'ennuyer ! car elle eft forcée de fortir. Nous fomes à la Revue du Roi. Tâche de t'amufer plûf-que ta Fille : car elle f'ennuie mortellement, quand elle n'eft pas auprès de toi. Tu es fi tendre pour elle ! Mille millions de baisérs. Adieu ; car je ne fais ce que j'écris, ét il faut partir. Ne m'oublie pas une minute : tu ferais injufte : je penferai toujours à toi.

Cette Lettre, ces précieuses affurances m'endormaient.

Depuis

Depuis que je ne voyais presque plus 1781
la Mère, c'était à Sara que je remettais
l'argent de sa pension : Je ne sais à
quelle occasion, elle me proposa un
jour, de reprendre cet argent, et de
lui en-faire le billet : ,, Tu l'emploi-
ras à l'avancement de tes affaires, et tu
le feras valoir pour moi (me dit-elle).
J'y consentis, par ce motif ; car mes affaires devaient interesser Sara come moi-
même. Cependant je crois qu'elle fut
fâchée d'avoir été prise au mot. Il faut
si peu de chose pour blesser une Femme !

Le rapide recit des évènemens m'a
fait oublier une partie que j'avais faite
avec Sara au carnaval. Je donais un
dîner à differens Artistes. J'en mis Sara, sa Mère et Florimond. Nous étions
alors dans notre plus grande intimité,
Mad. Debée et moi. Sara et sa Mère
vinrent éleganment parées : outre les
Homes, il y avait deux Jeunes-persones
très-jolies, dont Une surtout, avait ces
grâces qui l'emportent sur la beauté.
Elle me frapa. C'était une brune vive,
enjouée : Un sentiment singulier s'éleva
dans mon cœur, en causant avec elle :
,, Qu'elle est aimable ! et pourquoi n'ai-
je pas conu cette aimable Fille, lorsque
j'étais isolé ,, ?... Cette reflexion me fit
rougir de mon injustice, et jetant un

XII Partie.   J j

1781 coup-d'œil fur Sara, dont je rencontrais
toujours les ieux, animés de l'expreſſion
la plüs flateuſe, je me dis : ,, Hâ ! fe-
licitons-nous plutôt, de ce que cette
Jolie-brune, que je ſens bién que j'aurais aimée, ne m'a pas privé du bonheur
de me lier avec ma Jeune-amie ,, !....
Quelques mois aprés, dans le temps oû
ma rupture avec la Mère de Sara me feſait craindre d'être feparé de ſa Fille,
il me vint en idée de me menager un
aſile contre le deſefpoir, en cultivant la
conaiſſance de l'aimable Brune. Je tâchai de me trouver avec elle chéz une
Conaiſſance qui nous était comune : J'y
reüſſis; mais come ſi tout eût-dû tourner contre moi, elle ne me parut plus
aimable : ſes difcours, ſes manières, ſa
miſe, tout me deplut : Je ſentis qu'elle
ne pourrait me confoler, ét je m'abandonai plûſ-que jamais à Sara : : : Rién
au monde n'eſt aimable come ma Fille
(penſai-je)... Mon atachement ſ'accrut
par le moyén de guerifon que j'avais en-
viſagé, en cas d'oubli, ou de changement de ſa part. Ce qui prouve bién
que c'était une fatalité, c'eſt que depuis,
j'ai rencontré vingt fois l'aimable Brune,
que je l'ai trouvée charmante, adorable : mais ma condüite, le jour oû elle
me deplut, l'avait toutafait indiſpoſée:

cette reſſource m'a manqué au besoin. 1781
J'approche de l'époque fatale. Nous
en ſomes au 12 MAI. Sara, ſauſſe à
mon égard pour la première fois , me
parla de mon Rival , come d'un Comte
italién , qui la remarquait au *Boule-*
vard : Mais c'était en l'air qu'elle tenait ces propos , ét j'ai ſu depuis , que
mon Rival étant fort brun , elle l'avait
cru italién , à la ſimple vue.

Quinze jours ſ'écoulèrent. A cette
époque , Sara , auparavant tendre , preſque reſpectueuſe à mon égard , changea
tout-à-coup de caractère ; elle devint folâtre , enjouée ; (elle m'avait prevenu
depuis longtemps que c'était ſon caractère dans ſa jeuneſſe): mais ce qui me
ſurprit , c'eſt que ſon badinage alait juſqu'à l'indécence : Elle agiſſait quelquefois avec moi come une *Fille* (elle ſi
modeſte juſqu'alors ! même en cedant) !
D'autres fois, elle avait le ſans-gêne des
Vieux-mariés , qui ſe ſavent par-cœur,
ét ne rougiſſent plus de rien. Je ne ſus
à quoi attribuer ce changement; je
crus qu'elle reprenait ſon anciénne gaîté , ét que mon atachement la lui avait
rendue. (On ſe flate toujours !) Enfin, le 29 MAI arriva.

J'étais ſorti toute la matinée. En revenant, ét aſſés près de la maiſon, je

rencontrai la Mère ét la Fille en voiture : Je ne les voyais pas ; la Mère m'apela. Il y avait plus de quinze jours que je ne lui avais parlé. Elle me dit, Qu'elles alaient au *Palais-royal.* La Fille était très-parée ét raviffante : elle parut me voir avec humeur. J'étais bién loin d'avoir cette idée ! je la croyais forcée de fertir, ét je comptais fur une Lettre : mais on alait trouver le nouvel Amant, à qui on avait doné ce rendévous, ét Sara tremblait que je ne propofaffe d'aler les joindre le foir ! Je repondis poliment à mad. Debée, ét je fus charmé de ce qu'elle revenait la première. Elles rentrèrent le foir à neuf heures, ét nous foupames à l'ordinaire, tête-à-tête, Sara ét moi, fans qu'elle me dît un mot de ce qui f'était paffé, ni du voyage projeté pour le lendemain.

Jalousie ! tourment affreux ! Monftre vomi par l'Enfer, qui t'a formé ! quel eft ton but, ton utilité, ton usage ! O! le plus dangereux des poisons ! quelles affreuses convulsions tu causes à l'âme !.... Heureux, heureux ! qui ne t'a jamais éprouvé !

Le lendemain, je vis Sara : je dejeûnai avec elle : J'alai enfuite à mes affaires, ét je rentrai tard ; il était plus d'une heure. Je m'aperçus qu'on était forties. Florimōd étant depuis quelques semaines dans fa patrie, ét les deux Femmes ne laiffant Perfone chéz elles, je ne fus pas furpris de voir le cadenas mis à la porte de l'apartement au premiér. Je paffai tranquilement la foirée, jufqu'à neuf heures, celle où je foupais ordinairement avec Sara. L'inquietude me prit à la demie : à dix heures, je ne pouvais tenir en place. Cependant je ne foupçonais rien encoré. A onze, le cœur ferré, tourmenté par une crainte vague, j'étais en colére contre Sara ; je me promettais de la gronder. Je fortis pour aler faire le tour de l'*Ile-Saintlouis*. J'écrivis fur la pierre mes tourmens : Je revins ; le cœur me batait d'efperance : Sont-elles arrivées?... J'avance : point de lumiére!... Je rentre. Le cadenas n'est point ôté!... Je voulus fouper. Impoffible!... Je m'agite, je me tourmente, je me proméne à grands pas... Enfin, à minuit mes ieux fondent en larmes... Je me rapelle ce que m'a dit Sara, lorfque fa Mére l'avait eutrefois conduite au *Palais-royal*, ét qu'elle y fut abordée par un Home de diftincçion : Je la crois livrée, livrée malgré elle.... Je m'écrie douloureusement : „ O mon Amie! mon aimable, mon innocente Amie!

1781 une Barbare t'a trompée ſans-doute! elle t'a livrée! elle t'enlève à ton Père, à ton Ami, à l'Home qui t'aimait plûſque lui-même ,,!... Et je pleuiais en ſanglotant : je marchais, je courais.... Je retournai à une heure autour de l'*Ile-Saintlouis* : je fis retentir de mes cris ſes rives tranquiles. ,, O mon Amie! ma chère, ma tendre Amie! ô ma Sara! ma Bién-aimée! l'Objët d'une éternelle tendreſſe! on t'enlève à Celui qui t'adore!... Où es-tu! que fais-tu! ou plutôt que te fait-on en ce moment, Victime infortunée ,,!... Un Home à ſa croisée, me demanda, Ce que j'avais? ,, C'est un Père, qui perd ſa Fille! (repondis-je) ,,. Ainſi donc je me recriais..... Si j'avais ſu où trouver Sara, j'y aurais volé : mais où courir? On ne m'avait pas dit un mot qui pût m'éclairer.... Je revins chéz moi; je me jetaî ſur mon lit, non pour dormir, mais pour doner un libre cours à mes ſanglots... Vers les cinq heures, je m'aſſoupis... Plût au Ciel que je n'eúſſe pas eú-ce fatal ſomeil!..... Je crus voir Sara, ſes belles treſſes blondes éparſes ſur ſon ſein, les ïeux en larmes, me tendant les bras, ét me disant : ,, Mon Ami! mon Papa, ſauve, ſauve-moi ,,! Je m'éveille : le ſon de ſa voix frapait encore man oreille ; je ſaute du

lit, je cours, je m'écrie, *Sara, ma chère
Sara! je viens de l'entendre! Où es-tu,
âme de mon âme! où es-tu, ma chère Fille!*
Je descens l'escaliér, je me précipite...
Ma tête était troublee, je croyais avoir
entendu Sara... Hélas! je ne trouvai
rien!... Je remontai: je me sentis de-
faillir; je me rejetai sur mon lit, ét je
tombai en faibleffe. Il est impoffible
d'exprimer ce que je fouffris!... Et je
n'etais pas encore jaloux!...

La journée qui fuivit cette horrible
nuit, fut encore plüs douloureuse: mon
cœur fe ferrait, ét ne donait plus d'effor
à mon fang pour le faire circuler: deux
ou trois fois je fus obligé de me fecouer,
de fauter, pour comuniquer à la ma-
chine un mouvement exterieur, puifque
le mouvement interne ne fuffisait plus...
Et je n'étais pas encore jaloux! Et je
me croyais encore aimé!... Le jeudi,
la nuit cruelle qui le feparait du vendredi, ce jour-là jufqu'au foir, l'atente,
la douleur, la crainte, la fureur, la pitié, l'amour, la jalousie me mirent à
deux doigts du tombeau....

Enfin, à onze heures, j'entendis une
voiture f'arrêter à la porte. (Cruelles
voitures! chacune d'elles, les deux foi-
rées précedentes, m'ébranlaient jufqu'au
fond de l'âme. Hô! quel fuplice, quand
on atend, que d'entendre ces perpe-

1781 tuelles voitures ! elles donent au premier bruit, un rayon d'espoir ; il croît,
il fait palpiter ;. . elles paſſent, ét l'âme
élevée par elles, retombe froiſſée dans
l'abîme du deseſpoir ; pour être encore
ſoulevée de-même l'inſtant d'après....)
A onze heures, j'entendis une voiture
ſ'arrêter à la porte. J'étais en robe-de-
chambre étendu ſur mon lit, ſoupirant,
ſanglotant. Je ſaute à terre ; j'ouvre,
je deſcens, ét j'aperçois.... la Mére de
Sara, avec un Home que je n'avais jamais vu.

Mad. Debée fut-ſurprise de me voir.
Elle n'avait pas de lumiére : je lui en
donai. Je cherchais des ïeux ma Jeune
amie ; ét je ne la vis pas !... On me dit
qu'elle était-reſtée. A ce mot, je remontai précipitanment, ſentant bien
que j'alais éclater, ét qu'il ne le falait
pas devant un Inconu. Il partit un inſtant après, ét je redeſcendis. C'eſt ici
une ſcène... coment la nomerai-je ! Mõ
cœur n'était plus-opreſſé mon ſang circulait avec autant de vivacité, qu'il a-
vait-été-gêné les jours précedens. L'œil
égaré, „ Où eſt votre Fille ! (dis-je à
la Malh. eureuse). „ Elle eſt-reſtée ohéz
M. *Noir, ſus-Delamontette*, qui m'a-ra-
menée à Paris. Il falait que je vînſſe
coucher ici, à-cause de mes affaires.
„ Quoi ! vous livréz votre Fille à un In-

conu ! (Cette Femme, cette Furie, dont
dont 20 fcènes bruyantes m'avaient-do-
né la plûs-terrible idée , depuis que je
demeurais chéz elle , ne parut point of-
fenfée de mon ton ; de mon air ; la verité , la terrible verité l'effrâyait : elle
trembla , èt me repōdit avec douceur :)
,, Mais je ne la livre pas ! c'eſt un Honête-home ; Celui que vous venéz de
voir : Il a une petite maiſon-de-campagne , où il nous a invitées à paſſer
quelques-jours ; nous y-avons-été fans-
conſequence : Ma Fille vous en-a-pré-
venu ? ,, Moi, madame ! je n'en-favais
pas un mot. ,, Hâ ! la *Gueuſe !* (ce fut
fa modeſte expreſſion) , je lui avais-dit
de vous en-avertir ! Quoi ! elle n'a-pas-
mis un mot fous votre porte ! ,, Elle favait où vous la meniez ? ,, Mondieu-
oui ! nous avons-vu *trois-fois* ce Monfieur qui m'a ramenée , foit au *Boulevard* , foit au *Palais-royal* , èt nous avōs-
accepté fon invitacion , parceque c'eſt
un Honête-home. Ma Fille n'eſt-pas-
revenue avec moi , parcequ'elle s'eſt-
trouvée-mal. ,, *Trouvée-mal !* (ce mot
me rapela une-autre hiſtoire , èt troubla ma tranquilité preſque renaiſſante).
,, Elle s'eſt-trouvée-mal ! (repetai-je).
,, Oui , après dînér. ,, O ma chére
Amie ! ,, Vous la croyéz perdue ! ,, Oui,

1781 oui, Madame! je la crois vendue à cet
Home, et vendue malgré elle!... Mon
Amie avait pour moi de la confiance ét
de l'eftime: je n'ai rièn-fait pour perdre l'Une ét l'Autre, ét elle ne m'a-
rièn-dit „!... La Mère de Sara, aulieu
de s'emporter, fourit avec une forte de
fineffe: „Vous-vous trompéz! elle favait tout; ét mon étonement est extrême, qu'elle ne vous en-ait-rièn-dit „!
Je ne fus que repliquer à cette reponfe.
Je me calmai; car je començais d'entrevoir que mon fort dependait abfolumt
de cette Femme, qui, fi elle parlait vrai
en-ce moment, fesait de fa Fille, tout
ce qu'elle jugeait à-propos.   Je la quit-
tai pour aler me mettre au lit: il était
une-heure du matin. Quelle nuit, Bondieu!...   A mon levér nous eûmes une
autre converfacion, où elle fe montra
également douce.   Elle repartit fur les
10-heures, en me difant, que quoiqu'elle eût affaire, elle voulait prévenir
le retour de M. Delamontette, qui ne devait être à fa maison-de-campagne qu'à
2 heures   ¶ Je l'avoue, fi cette Femme
fe fût-emportée, j'étais perdu ; car je
l'aurais étouffée, ét les lois ne fe fuffent
pas embarraffées de mes motifs: Je lui
ai l'obligacion de m'avoir fait éviter l'é-
chafaud... Arivée auprès de fa Fille, elle

y trouva Delamontette, qui y avait 1781
paffé la nuit : la Mère ét la Fille, àce que
je n'ai-fu que longtemps aprés, ayant
decidé entr'elles, que pour captiver cet
Home, elles f'y-prendraient d'une manière abfolument differente de celle
employée avec M Dumont, l'Ami auquel j'avais penfé à ceder Sara par generosité.   En-conféquence, elles avaient
comencé par les faveurs. Elles n'a-
vaient pas eû befoin d'un grand effort
pour cela ! il ne leur avait falu que fe
rapeler leur ancien metier....

   Lecteur ! n'êtes-vous pas furpris de
m'entendre tenir cet horrible langaje !...
Oui, car mes cheveux fe heriffent en
vous le tenant : J'écris ceci le 9 octobre
à 11 heures du foir : retenéz cette date !
nous n'en fomes qu'au 1 juin de cette
même année.   Il est temps enfin de de-
mafquer la perfide Sara, cette Fille
dangereuse ét fauffe, que vous avéz
crue tendre ! O Lecteur ! j'étais le troisième *Quarantecinquenaire* avec lequel
elle tenait la conduite que vous avéz-
lue !   C'était de-concert avec fa Mère,
qu'elle en agiffait come elle avait fait,
qu'elle parlait mal d'elle, pour captiver
mieux un Prefque-vieillard imbecile !
J'étais le Troisième (fans compter l'*A-
vocat*, l'Home du *Palais-royal*, M. Le-

graînier, Delarbre, le *Fils du Marchand
Stantoine*, et cent Autres de paffade,
pendant la première jeuneffe); j'étais
le Troisième, à qui cette perfide Sirène
avait perfuadé, qu'elle n'aimait les Homes que dans l'âge-mûr ; à qui elle f'é-
tait fait adopter pour Fille ; à qui elle
avait affuré, qu'elle avait de l'amour ;
à qui elle avait juré un atachement éternel : c'était vingtmille-francs qu'elle voulait de ma part, come des Autres....
Mais pourquoi change-t-elle, auparavant de les avoir vus comptés ! Pourquoi n'a-t-elle pas captivé le riche Dumont... Hâ ! le voici : M. Dumont lui
parut trop rusé, elle eût affez d'efprit,
pour voir qu'il était hors de fes atein-
tes, ét elle f'en fervit come d'un moyén
pour me captiver davantage : Quant à
moi, il y eût ici de l'imprévu de la part
de la Mère, qui ne f'imaginait pas que
fa Fille alait devenir folle de Noiraud-
Delamontette : la Fille elle-même fe
trouva prise par fon goût, le premier
qu'elle eût-eú peutêtre ; cet Home
adroit f'empara d'elle, ét il lui fut impoffible enfuite de bién fuivre fon plan
avec moi... Le voile est dechiré pour
vous, Lecteur, beaucoup plûtôt qu'il
ne le fut pour moi : Suivez de penibles
aveux, qui pourront peutêtre quelque
jour

jour vous être utiles.... ¶ Après le depart de la Mère, je m'aperçus qu'elle
m'avait laissé la clef de l'apartement que
je louais pour Sara: cette Femme rusée, qui conaissait bien la marche des
paffions, l'avait oubliée exprès. Je
cherchai à charmer ma douleur, en
voyant, en touchant ce qui apartenait
à ma Jeune-amie. Je cherchai dans sa
bibliotèque, ét j'y trouvai fon *Histoire*, qu'elle avait comencé d'écrire à
ma follicitacion. C'était de ce papier
qu'elle avait voulu parler un-foir, en
me disant, *Qu'il y avait là quelque-chose
qu'elle me montrerait :* mais fans-doute
je ne l'aurais jamais eú d'elle... Ce
fut avec avidité que je m'en emparai
pour la lire. Mais je ne tardai pas à
m'apercevoir qu'elle y avait tû, adouci,
ou deguisé la verité. Cependant, telle
qu'était cette Hiftoire, je resolus de la
copier : je croyais me diftraire par-là !
Je me trompais ; je ne fis qu'aigrir ma
douleur, en m'ocupant de l'Objet qui
la causait. Voici coment Sara y racón-
tait la manière dont fa Mère avait quité
fon pays, fes courfes, fes avantures, ét
fon arrivée à Paris :

Hiftoire de Sara enfant, écrite par elle-même.

,, Ma Mère est d'*Anvèrf :* Elle a été
mariée 2-fois, fans être veuve, ét tou-

XII Partie.   K k

1781 tes les deux d'une manière également
malheureuse. Elle avait une Sœur-
aînée, des Cadettes, et plusieurs Frè-
res. L'Aînée, encore plus-capricieuse
que fa Cadette, avait un Amant qui la
recherchait en mariage: Elle l'accueil-
lait, le rebutait, fuivant fon caprice,
et le tenait dans une incertitude conti-
nuelle. Enfin, le jour du mariage, elle
fe cacha. *Lambertina*, la Cadette, qui
qui était anffi-jolie que fon Aînée, et
d'une gaîté folle, propofa d'aler à l'é-
glife aulieu de fa Sœur. Le Père, *Ja-*
cobus-Debée, qui defcendait de ce fa-
meux *De-Bie*, qui, dit-on, a inventé
les fauffes médailles de Charlemagne,
qu'il compofa, pour rendre plus célè-
bres les grandes actions de ce Héros,
Jacobus-Debée confentit à la propofi-
cion de fa feconde Fille : Le Marié fut
du même avis, quoique *Lambertina* n'
eût que 12-ans, et l'on ala époufer. Le
Prêtre ne fut rien de la fubftitucion,
parcequeles 2-Sœurs portaient chacune
deux noms, dont un était femblable.
Le mariage fait, on alait comencer à fe
divertir, lorfque *Lambertina-Sara*, l'aînée, fut que *Lambertina Elizabetha*, fa
Cadette, venait d'époufer fon Pretendu.
Elle en fut au defefpoir, et fit demander un entretien au Jeune-home. Il

vint la trouver : Elle ferma la porte fur
eux, lui temoigna fon repentir de tous
fes caprices, et le toucha par fes larmes ; l'amour reprit fes droits fur l'A-
mant, qui confoma le mariage avec
fa première Maîtreffe   Il ouvrit auffitôt la porte à Ceux qui frapaient, et
il declara ce qu'il venait de faire. Mon
Grandpère et ma Grand'mère acouru-
rent, et furent très-furpris ! mais leur
Gendre offrant de reconaître pour fa
Femme Celle qu'il venait de traiter
come telle, et n'ayant pas touché à l'Autre, on ala devant le Grand-Vicaire,
qui dona permiffion de recelebrer le
mariage avec l'Aînée.   Ma Mère fut
très-fâchée de ce contretemps, l'Amant
de fa Sœur lui ayant toujours plu : mais
elle n'atendit pas longtemps fon tour :
elle fut mariée un an aprés, avec mon
Père, *Antonius-Leeman*, parent du celèbre General Ameriquain *Lee*, à ce qu'il
dit. Ainfi, je fortirais de deux Familles
également honorables.

„ A l'âge de 14 ans, ma Mère eût un
Fils, qui est mort. A 15, elle eût ma
Sœur. Elle n'en avait pas 17, et elle
était Fille-de-boutique-enlumineuse
chez un Marchand d'images de la ruë
Stjacques, quand elle me mit au monde.
Je fuis fa dernière.

K k 2

,, Mon Père ne s'était pas acomodé
longtemps du caractère de ma Mère.
Il l'avait quittée peu de temps après la
naiffance de ma Sœur ; et come il avait
un talent diftingué pour le deffin, tant
pour les étoffes et les toiles, que pour
les porcelaines, il aurait trouvé partout
une fubfiftance honête, fans fon irrefif-
tible penchant à l'ivrognerie.

,, Je fuis née à Paris, le 20 Novembre 1762. Ma Sœur-ainée était plûtôt
belle que jolie : c'était une Blonde in-
tereffante, ayant les plûs beaux ieux,
une petite bouche, une tâille parfaite ;
en-un-mot, annonçant, pour l'âge où
elle n'est pas arrivée, une Fille accom-
plie. Ma Mère n'avait pas 18 ans, lorfqu'elle fe trouva come veuve ; nous
avions un Père fans en avoir. Depuis
qu'il avait quité fa Famille, ma Mère,
qui l'avait fuivi à Paris, et qui ne favait pas qu'il fût Deffinateur aux *Gobe-
lins*, ne pouvait parvenir à le rejoindre,
parce qu'il la fuyait, et parce qu'il ne
reftait qu'un ou deux mois dans chaque
Ville. Je penfe que c'est d'avoir été
quitée de fon Mari fi jeune, qui a perdu ma Mère. Reftée dans le pays, maîtreffe de fes aççions, elle fe divertiffait ;
et come elle était jolie, il ne lui en coû-
tait rién. Elle fe livrait tellement à fon

plaisir, que mon pauvre petit Frère pe- 1781
rit de l'abandon où elle le laiſſa. Pour
ma Sœur ét moi, come nous étions plus
jeunes, nos cris fesaient venir des Voi-
sins à notre ſecours.   Mon Grandpère
ét ma Grand'mère furent enfin inſtruits
de la conduite de leur Fille Leeman ;
ils l'obligèrent à faire ceſſer le ſcandale
qu'elle donait dans la Ville, ét à ſuivre
ſon Mari, dont ils ſe procurèrent des
nouvelles. Ils mirent ma Mère, ma
Sœur ét moi dans la voiture publique,
pâyèrent les frais du voyage pour juſqu'à *Nantes*, où était mon Père, ét re-
comandèrent de ne remettre le reſte de
l'argent à ma Mère, qu'en préſence de
ſon Mari. J'ignore come tout cela fut
exécuté, j'étais trop jeune. Mais j'ai
ouï-dire par ma Mère elle-même, qu'
elle avait été bién courtiſée dans la voiture ! Elle ne ſavait pas le français.
Un des Voyageurs, qui ſavait le fla-
mand, lui ſervait d'Interprète ; mais
elle préferait une Joli-home, dont elle
ne pouvait ſe faire entendre. Elle demandait à ſon Interprète, devant tout
le monde, certains mots français, come
Je vous aime bien ; je voudrais bién vous
baiser, etc. Il les lui diſait, ét elle les
repetait, en jetant un coup-d'œil ſur le
Joli-home. Un-ſoir, à-l'inſtant où on

alait fe mettre au lit, elle le joignit feul,
ét lui dit un mot, qu'elle f'était fait
repeter avec affectacion dans la journée.
Ce mot était fi clair, qu'il la mena dans
fa chambre, où ils fe mirent au lit.
Elle en fortit avant l'heure du lever.
Mais le joli-home ne lui garda pas le
fecret; ce qui la fit mal regarder. En
arrivant dans une grande Ville, dont je
ne fais plus le nom (peutêtre était-ce
Paris), le matin, à l'heure du depart,
ma Mére ne fut pas éveillée : on la laiffa. Il était grand-jour dans fa chambre,
quand on ouvrit fes rideaux. C'était
un Home qu'elle avait vu dans le ca-
rofle. Il lui dit, ou plutôt il lui fit figne
de fe lever. Elle n'entendait pas ce
qu'il lui disait; mais elle comprit fes
fignes. Elle f'habilla fort étonée, pro-
nonçant quelques mots qu'elle favait,
*la Caroffe! la Caroffe! ma Mari! me
Mari!* L'Home lui fesait figne de fe
calmer. Dès qu'elle fut habillée, ainfi
que nous, il lui préfenta la main, et
nous fortimes de l'Auberge. Le Monfieur nous mena dans une affez belle
maison à porte-cochère, ét très-isolée,
où il nous laiffa, en donant ordre à
deux Femmes ét à deux Homes, fans
compter le Portiér, de nous fervir, mais
de ne pas nous laiffer paffer la porte.

Dès le même jour, il aporta les plûs ⌐1781 belles étoffes à choisir à ma Mère, pour ⌐ elle et pour nous. Elle demandait à s'en aler, et elle disait sans cesse, *la Caroſſe! la Caroſſe! ma Mari! ma Mari!*

„Ce Monſieur nous garda trois mois, à ce que nous a dit ma Mère depuis. Elle fut inexorable à toutes ſes propoſicions; ne demandant que ſon Mari, à-mesure qu'elle aprenait un-peu de français, repetant. *Moi, je veux ma Mari.* Le Monſieur (dit-elle), ſ'ennuya d'avoir une Femme tonjours furieuse, qui ne voulait rién entendre, et qui cherchait à ſe ſauver. Je ne garantis pas la verité de tous ces faits, dont je fus temoin trop jeune, pour m'en reſſouvenir: Tout ce que j'ai remarqué, c'est que quand ma Mère racontait ce trait devant ma Sœur *Maria-Elisabetha,* Celle-ci ſouriait legèrement à-la-derobée. Dailleurs, d'autres fois, ma Mère ſe coupait: et je me rapelle, que m'ayant fait, avec une de ſes robes, plûs de huit ans aprés, un joli deshabillér d'une perſe ſuperbe, elle me dit: „Cette robe, que je defais, me vient d'un Monſieur, qui me prit chez lui, à ma premiére ſortie d'Anvèrſ: Il était bièn genereux! j'en tirai tout ce que je voulus; et sans un malheur, jamais il ne m'au-

rait abandonée ,,. Ma Sœur lui dit,
qu'elle se le rapelait. ,,Je t'assure, mon
Enfant, interrompit ma Mère, que mon
ignorance de la langue en fut la seule
cause : J'ignorais ce que son *Ami* me
demandait, et je repondais toujours
oui : je fus bien atrapée de le voir
agir !... Malheureusement M. *De-Val-brun* entra dans ce moment : Il se jeta
sur la première chose qui lui tomba sous
la main, et le voulait assomer. Mais
son Ami, qui était jeune et fort, sut
éviter le coup, et se defendre. Dès le
même instant, le 1er nous mit hors de sa
maison : son Ami nous accompagna,
et come il ne pouvait nous recevoir chéz
lui, n'étant pas son maître, il nous con-
seilla de partir. Je savais où était mon
Mari ; j'alai le rejoindre, avec de l'argent et de belles nipes. En arrivant,
je páyai toutes ses dettes, et nous de-
vinmes amis pour quelque-temps. Mais
c'était pour me rendre plüs sensible le
coup le plüs cruël ,,.

,,Je vais à-présent parler de ce que
j'ai vu. ¶ ,,Le plüs loin dont je me
souviénne, c'est, qu'étant à *Angérs*, ma
Mère nous mena, ma Sœur ét moi, à la
promenade. Nous comencions à nous
y amuser, quand elle dit à ma Sœur,
beaucoup plüs aimée que moi : ,,Ton

Père ne m'écrit pas où il est ! je ne sais pourquoi je suis triste ? Il doit sans-doute m'arriver quelque malheur ! Elle continua cependant sa promenade, mais avec une inquiétude marquée. Nous avancions, sans nous en apercevoir, et nous nous trouvâmes dans la campagne, où nous rencontrâmes une Compagnie de notre conaissance. En nous abordant, on dit à ma Mère : ,, Coment ! vous êtes ici, Madame ! ,, Oui, je cherche à me dissiper. ,, Mais (reprit-on). il y a du monde chez vous ! votre Mari, avec d'autres Gens ,,. Ma Mère, effrayée d'une nouvelle qui ne lui laissait aucun bon pressentiment, puisqu'elle avait fermé les portes, sans repondre, nous prit toutes deux par la main, ma Sœur et moi, et nous fesant courir autant que le pouvaient nos pe-tites jambes. elle regagna notre logis, où elle ne trouva plus que les quatre murs ; tout venait d'être enlevé. Voila quelle fut la première catastrofe dont je me souvienne : ma Sœur avait neuf ans, et j'en avais cinq environ : elle nous reduisit à manquer de tout ; car l'argent avait été enlevé ; et de très-à notre aise que nous étions, nous nous trouvâmes reduites, non pas à mendier, mais à recourir au peu d'Amis que nous

1781 avions, et dont le nombre diminua chaque jour. ¶ ,, Pour n'incomoder Persone, ma Mère se mit en chambre garnie. Mais ses moyens ne lui permettaient pas d'y rester longtemps, et n'ayant pas de nouvelles de son Mari, obligée de vendre ses hardes pour subsister, il n'y avait de ressource pour elle qu'à fuir. Triste sort, pour une grande Femme, jeune, jolie, mais étrangère, et sachant à-peine la langue !..... Elle aprit alors que son Mari était à *Rouen*; un *Ami* lui fit présent d'une some asses modique, quoiqu'il lui eût offert auparavant sa fortune, et elle courut le rejoindre avec nous : ses paquets étaient legers, et ne devaient pas doner beaucoup d'embarras. A notre arrivée, nous trouvames mon Père accâblé de dettes, logé dans son domicile le plus fixe : il y était depuis six jours.

,, Ne pouvant plus avoir de credit, il nous laissa, ma Mère et moi, et partit avec sa Fille-aînée! Combien la pauvre Enfant n'a-t-elle pas eú a souffrir, abandonée la plûpart du temps, et manquant du necessaire !... Mais un sort plus terrible atendait cette Infortunée! Après le depart de mon Père, Maman fut assaillie par ses Creanciers. On me demandera, coment elle put faire? A-

vec fa figure et fa jeuneffe, elle trouvait
toujours des reffources aux dépens de
fa reputacion : elle avait fait un Ami
à *Rouen*, qui, touché de fon trifte fort,
l'obligeait le plus genereusement du
monde.... ¶ ,, Cependant elle était fi
atachée à fon Mari, qu'elle le fuivait
partout. Elle courut le rejoindre à
Beauvais, où elle conut M. *Legros* de
l'Opera, qui était muficien à la Cate-
drale. Ce grand Acteur avait déflors
l'âme la plus genereuse et la plus fenfible : il était éperdûment amoureux
d'une Jeune-fille charmante, mais pauvre : il était lui-même fans fortune :
Lorfqu'il partit pour Paris, il lui jura de
ne chercher à faire fon chemin, que pour
l'époufer, et lui faire partager fon fort.
Il a tenu parole ; il l'a époufée ; l'a tendrement aimée, et l'a pleurée amère-
ment, lorfqu'il l'a perdue par la mort.
Mais je reviens à ma Mère. ¶ Les dettes de mon Père l'accâblèrent à *Beauvais*
come à *Rouen* : les Gens de cette dernière Ville font bons ; mais après qu'ils
ont pris longtemps pacience, ils la per-
dent. On nous tourmenta ; mon Père
rentra un-foir tout effouflé, en difant:
,, Ma foi, on n'y faurait tenir. Fais
come tu pourras ; pour moi, je decam-
pe, avant qu'on ne m'en empêche ,,.

1781 ,, Dès la même nuit, il partit, suivant son usage, quand il avait des detes,
et courut se cacher à *Amiéns*. ,, Ma Mére
ne pouvait le suivre aussi vîte ; parcequ'il ne disait jamais le terme de son
voyage, et qu'il falait atendre que lui-
même, ou le hasard en instruisit. On
nous menaça vivement, lorsqu'on le
sut parti ! Mais nous voyant des meubles, on nous dona quinze jours pour
páyer. Ces meubles, source de notre
credit, ne nous apartenaient pas : on
nous les avait prêtés !... Ma Mére àyant,
quelques jours après, decouvert le séjour de son Mari, elle resolut de partir secrètement avec moi-seule, laissant
ma Sœur, à-cause de la delicatesse de
sa santé, chéz les Persones qui nous
avaient prêté nos meubles. De tout ce
que ma Mère put ramasser, elle ne fit
que *douze livres*; elle en laissa 6 à ma
Sœur, et garda le reste pour páyer nos
deux places dans la voiture-publique:
Nous sortîmes de chéz nous à trois heures du matin, quoiqu'il gelât à pierre-
fendre, et nous suivîmes les remparts,
afin de n'être pas vues de nos Crean-
ciérs en alant prendre la voiture-publique hors de la Ville. Nous fûmes à-
peu-près un quart-de-lieue en atendant
la Diligence ; et lorsqu'elle nous eut
atrapées,

atrapées, nous demandames humble-
ment à nous mettre dans le paniér. Ce
que le Cochér nous accorda. Mais aubout d'une heure environ, cet Home
voyant une grande Femme bién-faite ét
bién-mise, avec une Enfant, il vint dire
à ma Mère : ,,J'ai peu de Monde dans
le caroffe ; vous y feréz mieux, Madame,,. Elle accepta fans hesiter.

,,Nous y trouvames, entr'autres, un
Home de bonne-mine, qui nous proposa de manger avec lui. Ma Mère ne
crut pas devoir refuser; elle fentait qu'
elle ne pouvait trop menager fa bourfe.
Quant à moi, auffi vive ét enjouée pourlors, que je fuis aujourdhui ferieuse ét
melācolique, je m'amusais à jouer avec
les Enfans des auberges, ét je mangeais
mes morceaux en courant. Le voyage
fut heureux, ét les fix-francs, feul argent que poffedât ma Mère, fe trouvè-
rent épargnés. Ce fut-là un petit comencement de bonheur, dans les idées
que j'avais alors ; ét ma Mère efpera
que ce ne ferait pas le derniér.

,,Son efpoir ne fut pas toutafait trompé. En arrivant à *Amiéns*, nous trouvames dans la maison où demeurait
mon Pére, des Perfones très-aimables,
fort riches, ét par-confequent, áyant
de la fociété. Ma Mère fit venir ma

XII Partie.   L l

1781 Sœur, ét dès que nous fumes un-peu conues, on l'invita souvent à manger avec fes Enfans. Elle acceptait prefque tous les jours differentes parties fur l'eau, qui nous amusaient beaucoup, ma Sœur ét moi. Quoique fort jeune encore, je fis une remarque à toutes nos forties : la maison où nous demeurions donait fur le marché : il ne falait que traverfer la grand'rue, pour aler chéz les Perfones qui nous invitaient, ét nous ne fesions pas une-fois ce court trajét, que je n'aperçuffe un Monfieur, qui fesait grande attenfion à nous. Enfin il nous aborda. Sa première queftion fut, Si ma Mère comptait faire fa residence à *Amiéns?* Sur la reponfe à l'affirmative, il demanda la permiffion de lui faire une visite, en qualité de voisin? Ma Mère fut très-embarraffée, d'après fa posicion ét celle de fon Mari! elle ne pouvait recevoir Perfone, fans s'afficher. Elle repondit, Qu'elle était rarement chéz elle : que d'ailleurs, ne fachant qu'imparfaitement le français, On f'ennuierait beaucoup avec elle ét deux Enfans, qui la tenaient prefque toujours occupée. Cette reponfe parut decourager l'Inconu, qui, voyant qu'il n'y avait rien à gâgner, fe retira très-mecontent.

,, Cependant il paraît qu'il ne desef-
pera pas de trouver une occasion plûs
favorable ; et il l'épia fi attentivement,
qu'il reüffit.   Un-jour, il fe trouva fur
la même promenade avec nous.   Il fit
enforte de lier converfacion avec ma
Mère , et il employa les plûs grandes
inftances, pour l'engajer à accepter une
partie fur l'eau, où elle f'amuserait
beaucoup, ainfi que fes Enfans.   Il ala
plûs loin : ,, Vous êtes étrangère, Madame, lui dit-il ; on peut, loin de fa
patrie, come vous l'êtes de la vôtre, fe
trouver dans certains embarras ; ma
bourfe est à votre fervice ,,.   Ma Mère
le remercia come elle put.   Mais le don
fuivit l'offre, et la bourfe fut gliffée dans
la poche de ma Mère : Je fus la feule
qui m'en aperçus ; mais je gardai le filence, par un petit raisonement d'Enfant (j'avais alors 8 ans ; ma Sœur en
avait 11) : : : Ma Mère a fouvent des
peines, faute d'argent ; en voila qu'elle
a refusé : il ne faut rién dire ; elle le
trouvera quand le Monfieur n'y fera
plus ; elle ne faura d'où il vient ; elle
f'en fervira ; et elle ne fera plus chagrine, ni nous non-plûs...   Le refte de
la journée fe paffa fort agreablement.
Le foir, le Monfieur nous ramena ; mais
come il fe fesait tard , il ne monta pas :

L l 2

fans-doute de-peur qu'on ne s'aperçût de la bourfe.

» Le lendemain, il vint fur les dix heures, favoir coment On avait paffé la nuit. Ma Mère n'avait pas encore visité fes poches ; elle le reçut avec une politeffe aisée, aulieu d'avoir l'embarras de la reconaiffance, oa celui du refus. Il fe comporta très-honêtement ; fes manières étaient obligeantes êt timides, êt fa visite fut affez courte. Il fut huit jours entiérs fans revenir.

» Cependant, vêrs le midi, ma Mère ayant fouillé dans fes poches, pour doner de l'argent à ma Sœur, à quî elle fesait faire une petite comiffion, elle trouva la bourfe, où il y avait, à ce que je compris alors, 25 louis. Son étonement me fit bién rire ! J'alais peutêtre enfin lui dire ce que je favais, lorfqu' ayant entendu qu'elle parlait de la rendre, j'en fus fi effrayée, que je moderai mon envie de parler. Ma Mère atendit plusieurs jours, avant de toucher à cet argent ; mais enfin, nous étant trouvées dons un grand befoin, à-cause des dettes que fesait mon Père, elle y prit un louis : Quelques jours après, un fecond lui fut neceffaire ; de-forte que, lorfque le Monfieur reparut le Dimanche, avec fon ton de politeffe or-

dinaire, elle lui demanda bien, Si c'é-
tait lui qui avait gliffé une bourfe dans
fa poche, mais elle ceda aux inftances
de la garder ; parce-qu'elle n'était plus
complète, et qu'elle aurait été honteuse de montrer qu'elle y avait touché.
Cette liaison fe fortifia peu-à-peu ; et
je puis dire qu'il n'y avait rién qui pût
nous doner mauvais exemple : M. De-
Florimond, d'une bone Famille de ce
páys-là, mais n'áyant reçu qu'une éducacion fort negligée, devint notre fociété ordinaire ; il nous fesait faire tous les
jours de fête des parties-de-campagne...
Six mois f'écoulèrent de la forte.

,, Ce fut à cette époque, qu'étant à
nous divertir, il f'aperçut que ma Mére
était rêveuse. Il voulut en favoir le fujét, disant, que f'il falait qu'elle partît,
il aimait mieux en être prévenu, que
d'être furpris. Ma Mére ne voulut pas
lui confier ce fecret. Il f'en informa
aux Conaiffances de mon Pére. Il fut
que fes dettes le forçaient à fuir encore.

,, M. De-Florimond, après ces lumières, continua de venir : mon Pére
partit incognitò, et nous laiffa ; nous
n'eúmes plus d'autre apui que le genereux *Ami* de ma Mére.

,, Le lendemain, M. De-Florimond
áyant apris que mon Pére avait difparu,

n'osa se présenter, depeur de faire parler : Ma Mère ne le voyant pas, s'en crut abandonée ; elle fit quelqu'argent come elle put, ét ala retenir nos places au carosse. Le lendemain, м. De-Florimond parut dans l'aprèsdînée, mais fort triste : il avait apris notre prochain depart. ,,Vous quitéz cette Ville, ét vos Amis, dit-il à ma Mère ! ,,Il le faut, мonsieur. Je vais rejoindre mon Mari à *Paris* ; nos places sont retenues pour мardi prochain. ,,Je suis mortifié que votre depart soit aussi prompt ! j'ai affaire où vous aléz ; je vous aurais accompagnée,,. Il fit ensuite beaucoup de demandes, relatives à nos affaires, pour amener l'offre la plus obligeante ét la mieux tournée. Il pria ma Mère de vouloir bién se charger de recevoir pour lui, à *Paris*, un billet de *quinzecents livres*, dont l'écheance était à la quinzaine : Il ajouta, Qu'il la priait instamment, en cas de gêne, de se servir de cet argent,,. Il se retira presqu'aussitôt, en lui demandant la permission de continuër ses visites jusqu'au depart. Il revint effectivement tous les jours : il passa la veille avec nous, jusqu'à dix heures du soir, qu'il s'en ala, aulieu de rester pour nous conduire au carosse. Nous y alames seules dans la nuit, fort tristement, ét nous partimes.

,, Arrivées à *Paris*, ma Mère prit une chambre garnie, où nous demeurames trois mois, fans pouvoir retrouver mon Père : les premières femaines furent cruëlles ! Mais aubout d'un mois environ, nous eumes la visite d'un Home, qui dit à ma Mère, qu'il avait ordre de lui compter la fome de *quinzecents-livres*, pour retirer un billet qu'elle avait entre les mains. Il demanda bién des excuses d'avoir fait atendre. C'était la faute de ma Mère, fi elle n'avait pas reçu à l'écheance ; M. De-Florimond avait fans-doute écrit pour qu'on la payât ; mais elle ne f'était pas préfentée, faute de favoir les usages, et il avait falu f'adreffer à la Police, pour favoir dans quelle chambre garnie elle était logée. On páya, en repetant les excuses, et l'Home f'en ala avec le billet.

,, Cette fome començait à nous être indifpenfablement neceffaire, et elle était donée fi noblement, qu'il y avait un double plaisir à f'en fervir. Ma Mère, qui vit bién, que c'était un préfent de fon Ami d'*Amiens*, penfa que le feul parti à fuivre, était d'en faire le meilleur usage poffible. Elle fortit pour louer un logement, et le meubler ; elle acheta le plus étroit neceffaire (car elle a toujours eté menagère), et nous nous

1781 trouvames enfin chéz nous, grâces à M.
De-Florimond. ¶ „ Cependant *quinze-cents-livres* ne fauraient durer éternelle-
ment, lorfqu'une Femme, qui fe metà
la mode, est obligee de prendre là-def-
fus fon entretién, ét celui de deux Enfans.   Pour hâter la fin de fa bourfe, il
lui arriva la cataftrofe la plûs douloureuse : nous tombames malades, ma
Sœur ét moi.   Je parus dabord la plûs
mal : C'ètait une fièvre-maligne, le
pourpre, la petiteverole ét une fluxion-
de-poitrine.   Ma Sœur n'ètait qu'accá-
blee ; mais elle ètait moins forte.   Nos
fonds f'eclipférent avec rapidité ; la misère ét le chagrin alaient nous affaillir,
quand notre Ami d'*Amiéns*, qui fans-
doute veillait fur nous, arriva pour
nous fecourir.   Il f'informa furlechamp
de lá fituacion de nos affaires, ét quoiqu'il fût fort jeune, ét borné dans fes
moyéns, il páya tout d'un air, qui marquait la plûs grande affecçion pour ma
Sœur ét pour moi.   Sans lui, nous étions
perdues toutes trois.   Il ne f'en tint pas
à ces depenfes ; fort fouvent, il mettait
de l'argent dans le tiroir d'une comode,
ou ailleurs, fuivant qu'On fe trouvait
placées ; car il ne voulait pas être vu.
Si c'ètait un présent en effets, jamais il
ne les donait ; il fe contentait de les pla-

cer dans un endroit où on ne pût man-   1781
quer de les apercevoir, quand il serait
sorti.   Le jour où j'etais le plus mal, il
vint le matin; On croyait que je ne paf-
ferais pas la journée : Ma Mère nous
gardait elle-même; il y avait alors vingt
nuits qu'elle ne s'était deshabillée; il
la pria d'aler se reposer, offrant de la
remplacer auprès de ses deux Malades ;
mais elle refusa. Il resta donc avec elle,
tâchant de lui éviter les moindres peines.   Il ala chercher le Chirurgien, et
le pressa de nous doner quelque-chose.
Come j'etais deselperée, on proposa de
me saigner, mais d'une manière indifferente.   Notre *Ami* saisit cette idée,
et força, pour-ainsi-dire, le Chirurgien
à le faire.   Ce fut ce qui me sauva : je
le fus six fois, ayant été soulagée dès la
première, et à la sixième, je me portais
bien, à la faiblesse près.

,,Il n'en était pas de même de ma
Sœur : elle ne pouvait, ou ne voulait
rien prendre, étant très-delicate, depuis
qu'elle avait tant souffert avec mon Père.
Cependant elle se retablit un-peu; mais
pour essuyer un sort qui fait fremir !...
Ce malheur n'arriva qu'après le retour
de l'*Ami* de ma Mère à *Amiens.*

,, Qui n'aurait pas regardé ma Maman come une bone Mère, d'après sa

conduite à notre égard! Mais, hêlas! on ne vit jamais d'auſſi grands diſparates!... Ce que c'est qu'une Femme, qui est abandonée de ſon Mari, ét qui áyant de la figure, est recherchée par les Homes, qui la corompent ét lui ôtent les bones-mœurs!

,, J'ai dit que M. De-Florimond était jeune ét peu fortuné : ſon retour dans ſa Patrie laiſſa ma Mére à elle-même; elle ſavait ſur quoi elle pouvait compter de ſa part, ét elle n'y vit pas une reſſource ſuffiſante. Ainſi, ne ſachant rièn faire, n'áyant auqu'un ſoutién de mon Pére, elle embraſſa la vie d'une *Femme-du-monde.* Dés que M. De-Florimond fut parti, ét même avant, elle reçut des Homes : elle a toujours eû le goût des Conaiſſances imprevuës ét ſubites ; elle en ſesait journellement de pareilles, ét elle nous les donait pour anciènnes, ſurtout à ma Sœur : Notre maison fut très-frequentée ! Fort ſouvent on venait pour badiner avec nous. Ma Sœur ſ'enſuyait : pour moi, je riais; je ſesais la folle, à-moins que le badinage ne me deplût ; alors, j'egratignais, je mordais ; au-point, qu'un-jour un Monſieur me dona un coup de pied, qui me renverſa. Mais on en voulait ſurtout à Maria-Elizabetha : elle était

1781

d'une figure, qui fit fon malheur, en
l'exposant à être desirée des vieux Libertins.   Voici à-peu-près ce que je
me rapelle : car on fe cachait de moi.

„ Maria-Elizabetha etait naturellement ferieuse : ce qui lui donnait un
air raisonable.   Ma Mère qui prévoyait
la fin de fon argent, et qui n'avait pas
doné de fes nouvelles à fon Ami d'*A-
miens*, tenait une conduite, que je veux
croire forcée par la neceffité.   Parmi
les Homes qui vinrent chez elle, il y
en eût Un qui remarqua ma Sœur.
„ Quel âge a cette Belle-enfant ? elle
parait 20 ans, à fon air raisonable ?
„ Elle n'en a que quinze (repondit ma
Mère en riant).   Ma Sœur n'en avait
pas encore douze.   L'Home comptant
fur l'âge aumoins que ma Mère lui disait, fit fes propoficions, qui furent fi
avantageuses, aux ïeux d'une Femme
fans reffources, qu'elles furent accep-
tées.... Je tire le voile fur des horreurs,
dont mes oreilles feules furent à demi-
temoins.... Mon infortunee Sœur fut
livrée malgré elle à un vieux Libertin,
et voici ce que j'entendis, un-foir à
plûs de onze-heures, qu'on me croyait
endormie.   ¶ „ Le Monfieur avait fou-
pé chéz nous : Ma Sœur, aulieu de
manger, n'avait fait que fangloter ; les

 larmes lui roulaient dans les ieux. Ma
Mère la careſſait beaucoup ; elle la tenait preſque dans ſes bras, et la baiſait
à tout moment. Ma Sœur lui rendait
ſes careſſes : mais elle n'en mangeait
pas davantage. A dix heures, on m'en-
voya coucher. Je m'endormais ordinairement auſſitôt que j'avais la tête ſur
l'oreillér : mais ce ſoir-là, je me doutai
de quelque-chose, je me tins éveillée ;
je deſcendis de mon lit, ét je prêtai l'o-
reille à la porte, dès que j'entendis ma
Sœur pleurer. Ma Mère la flatait d'a-
bord : enſuite elle la gronda : enfin,
elle voulut ſortir, ét la laiſſer. Je compris que ma Sœur ſe jetait à elle, qu'
elle l'embraſſait, ét qu'elle ne voulait
pas la quiter. Alors ma Mère employa
la force pour ſ'en debarraſſer. ,,Ma
chére Mère! lui criait ma Sœur, ne m'a-
bandonéz pas,,! Ma Mère la menaça.
,,Hé-bién, ôtéz-moi la vie, que je tiéns
de vous ; j'aime mieux mourir avec mon
innocence,,. Ici, ma Mère ſe mit en
fureur, ét ſe debarraſſa. J'entendis ma
Sœur, qui ſe tenait étendue le visage
contre terre, ét qui criait ſuffoquee :
,,Ma chére Maman! ma chère Maman!
vouléz-vous ma mort ét ma dannacion!
Hâ! Maman! donéz-moi la mort, ét pas
la dannacion!... Si cela est, j'en mourrai

rai de chagrin ; et votre pauvre âme re-
pondra de la pauvre mienne !... Maman ! au nom de Dieu ,, !... Ici elle fit
un cri perçant ; Ensuite j'entendis beaucoup de mouvement dans la chambre,
et ma pauvre Sœur qui pouſſait des cris
étouſſés, come ſi on lui eût eû mis quelque-chose ſur la bouche. Mais ſes ſanglots étaient ſi profonds, qu'ils m'arra-
chaient l'âme : ſi j'avais été aſſéz forte,
j'enfonçais la porte, et je me précipitais
dans la chambre, pour la ſecourir, eût-
on dû me tuer. Aprés cela, je n'entendis plus ma Sœur : mais un certain
bruit, qui me fait horreur à-préſent.
Enfin, aprés un temps aſſéz conſidera-
ble, j'ouïs ma Mère qui pleurait.....
,, Monſieur, elle eſt morte ! diſait-elle
en étouffrant ſa voix). ,, Non, non,
repondait l'Home, je vous en repons.
Faites-lui reſpirer des ſels... La voila
qu'elle revient : Quand elle aura repris
conaiſſance, niéz tout, et faites-lui
croire qu'elle a été dans le delire : vous
la perſuaderéz. Adieu ,,. A ce mot,
je remontai vîte dans mon lit, et je ſei-
gnis de dormir. Le Monſieur ſorti,
ma Mère vint m'éveiller, et me dit que
ma Sœur ſ'était trouvee mal, qu'elle
avait le tranſport. Je ne ſus plus que
penſer ; ce n'eſt que depuis, que j'ai

XII Partie.   M m

entrevu la verité. Ma Sœur resta malade. Le froid (car j'avais écouté nuë plûs de deux heures), le froid m'avait saisie. J'eûs la fièvre le lendemain assez fort, pour ne pouvoir aler voir ma Sœur, qui était au lit dans la chambre de ma Mère. Je fus si dangereusement malade de cette rechute, que pour-le-coup on ne compta plus sur moi : et cotte ma Sœur ne sortait pas de son accâblement, j'entendis plusieurs fois ma Mère dire aux Persones qui venaient la voir : ,, Je vais perdre mes deux Enfans ,, ! Enfin, après avoir été fortbas, je revins un-peu : et une fois que la nature eut repris le dessus, je me fortifiai plûs vîte qu'on ne l'esperait : Un-jour (que je n'oublierai jamais), je crus que ma Mère était sortie, contre son ordinaire, depuis que nous étions malades (elle craignait que Maria ne parlât à Quelqu'un) ; je me trouvai assez forte pour quiter mon lit, dans le dessein de parler à ma Sœur. J'alai pour la voir. Mais, hêlas ! quel spectacle ! Je la trouvai sur la pâille, et ma Mère à-côté d'elle, sans conaissance. Saisie de douleur et d'effroi, je tombai sur le corps de ma Sœur, et j'y demeurai évanouie, je ne sais combien de temps : Mais qu'on se représente de

1781

quelle horreur ma Mère fut frapée, lorsque, revenue à elle-même, ét cherchant des ieux la Fille qu'elle venait de perdre, aulieu d'Une, elle les vit toutes-deux couvertes du voile de la mort!.. Elle pouſſa un cri perçant, qui attira chez elle une pauvre Femme deſon voiſinage ; laquelle, trouvant ma Sœur froide, l'enſevelit, ét la fit diſparaître de devant les ieux de ma Mère.

„Cependant je reſtais ſans ſecours : on m'en dona enfin ; ét mes larmes ayant trouvé un paſſage, je pleurai ma Sœur ét mon unique Compagne, avec tant de violence, que j'épuiſai l'humeur qui m'étouffait ét me ſerrait le cœur. Ma Mère était ſi affectée, qu'on fut obligé de hâter l'enterrement. Quant à moi, je retombai dans une maladie qui dura 6 mois, pendant laquelle j'étais ſujette à des frayeurs mortelles ; apelant ma Sœur à mon ſecours, au milieu de la nuit, ét ne me rapelant enſuite qu'elle était morte, que pour la pleurer avec une amertume qui me dechirait le cœur. ¶ „Il y avait alors 2 ans que nous n'avions reçu de nouvelles de mon Père : il nous abandonait à la miſère, ou à pis encore... Ce n'est point à moi à juger ſa conduite : mais... est-il poſſible qu'on épouſe une

1781

Femme, ét qu'on done le jour à des Enfans, pour les laisser en proie aux horreurs que j'ai vues nous menacer, ét à celles que nous avons essuyées!... Il écrivit alors, non pour nous envoyer des secours, mais pour en demander à sa Femme. On lui marqua notre situacion, ét la mort de sa Fille-aînée. Il repondit tranquilement à ma Mére, au bout d'un mois, qu'il aurait preferé que ce fût la Cadette ; qu'il la priait de lui envoyer ce qu'elle pourrait, puisqu'elle avait moins de charge que par le passé. Cette réponse la revolta : Elle lui fit recrire, Qu'elle ne lui demanderait jamais rien ; qu'il songeât à lui-même, puisqu'il n'était né que pour lui, ét qu'elle alait tâcher de doner, par l'amitié, un autre Père à sa Fille ; qu'il n'avait plus aucuns droits sur sa Femme ni sur son Enfant ; *Vous leur avéz-rendu la vie odieuse, ét votre Fille, malgré sa jeunesse, comence à sentir (elle me le disait un de ces jours), que la vie ést à charge, quand on la passe dans l'abandon, ou qu'on n'a des Parens, que pour faire rougir ; un Père qui, loin de nous préserver des malheurs qui assiégent l'existance d'une Epouse ét d'une Fille, paraît aucontraire trouver un plaisir barbare à les y plonger, ét*

chercher en quelque sorte à jouir de leur 1781
deshoneur. *Vous avéz doné à votre
Fille de l'horreur pour les Homes; quand
elle en voit, elle s'enfuit : ou si on la
force de rester, elle ne les regarde qu'a-
vec effroi. Voila l'effet de votre conduite. D'après cela, je crois que le
mieux est que Vous restiéz où Vous
êtes : car je doute, vu la sensibilité de
ma Fille, que je pûsse l'élever, si
Vous étiéz ici : ét si je savais la perdre, ét n'avoir plus de consolacion,
je préfererais de mourir la première. Cependant, quel malheur pour une Fille,
ét à quoi ne serait-elle pas exposée de
votre part ? Dans quel denuement
Vous la plongeriéz !* Ma Mère finissait
par lui doner son adresse, à un nouveau logement, qu'elle prenait, ét où
nous alames demeurer. Je me retablis
un-peu : je grandissais. On me mit
aux *Miramiones*, ét l'Ami de ma Mère
étant revenu durant cet intervale, il
lui proposa d'occuper un apartement
dans la même maison. Vous le conaissez ; il y est encore.

,, Vous seréz sans doute étoné de la
conduite de cet Home, qui étant jeune,
s'atachait, sans aucu'une vue que celle
d'obliger, à une Femme mariée ét malheureuse ; qui ne pouvait que lui être

1781 à charge. Il est vrai qu'il l'aimait ; sans cela, quels motifs aurait-eû ce qu'il fesait pour nous ?... Je m'arête là-dessus, pour revenir à ce qui me regarde personellement.

,, A 13-ans, on me mit au couvent : j'en sortis à 15. On comença pourlors à me faire entendre, que je n'avais pas de bién à esperer (je le savais deja) ; qu'on avait-eû beancoup de peine à me doner une certaine éducacion par son économie ; qu'on n'était plus en-état de ne rien faire, ét qu'il falait songer à moi serieusement. Ceci n'était pas absolument clair : on-y ajouta quelque-chose, qui le fut un-peu davantage. ,, Vous êtes delicate ; le travail ne vous avancera pas beaucoup : Cependant il faut savoir-faire les ouvrages de Femmes ; ét je vous mettrai en aprentiffage, tât pour les modes, que pour la dentelle ; mais feulement afin que vous fachiéz faire ce qui vous regardera personellement ,,. Ce langaje me parut singuliér, dans la bouche de ma Mère : je le lui temoignai. ,, Ma Fille, me dit-elle, je me suis mise audeffus de certains préjugés ; la misère forme l'esprit, elle endurcit le cœur, en-mêmetemps qu'elle épouvante pour l'avenir : Un Honête-home peut vous faire un

sort, sans vous deshonorer : que serais-
je-devenue, si un-peu de jeunesse ét de
figure ne m'avait-pas procuré des *Amis*,
qui m'ont soutenue, et qui m'ont doné
les moyens de vous élever? Celui
qui est ici, est votre veritable Père,
puisque vous lui devéz la conservacion
de vos jours ét l'éducacion? Il faut
faire un *Ami* pareil, qui vous soutiénne
personellement, ét vous préserve des
malheurs auxquels j'ai été exposée par le
mariage ,,..... Je refusai net de me prêter à cet arangement. On ne m'en
parla plus, ét je fus mise en aprentis-
sage pour la dentelle chéz Mad. Amei.
Je pris du goût au travail, et je restai
tranquille environ six-mois. Ce fut à
ce terme que les proposicions recomen-
cèrent : On m'assurait, qu'il y avait
une Persone qui desirait ardenment
de me conaître ét de se lier avec moi.
Je refusai de la voir. On me traita-
mal: on me defendit de venir à la maison, ét je restai 2-mois entiers sans
sortir de la chambre de ma Maîtresse.
Je ne souffris pas beaucoup de cette
retraite forcée, que mes disposicions
naturelles pour la tranquilité, rendi-
rent d'autant plus volontaire, que je me
plaisais dans cette maison : d'ailleurs
mon caractère était si oposé à celui de

ma Mère, que je me voyais privée
affez indifferenment de fa fociété, depuis que je favais fes vues. Le fort
de ma Sœur m'épouvantait.

,, Aubout de 2-mois, elle fe reconci-
lia, ét me permit de revenir à la maifon : Nous alames au *Palais-royal*, ét
nous nous affimes dans la grande alée,
pour voir le Monde. J'étais bien mise, ét ma Mère encore mieux. Un
Home, qui paraiffait de quelque diftincçion, vint fe mettre à-côté de nous.
Il adreffa dabord la parole à ma Mère,
pour des chofes indifferentes : elle lui
repondit poliment. Encouragé par-là,
il me fit quelques complimens, un
entr'autres qui me parut un-peu fort:
,, *L'Home qui aura le bonheur d'être ai-*
mée de vous, jouira d'un fort digne d'en-
vie ! Pour moi, je me contenterais qu'une
auffi Jolie-perfone voulût bien me fouffrir
auprés d'elle : je ferais fon fort, et je la
mettrais dans le cas de n'avoir jamais
befoin d'une autre Perfone ,,. Ce langaje
me parut concerté avec ma Mère, et je
començai d'entrer en defiance que j'a-
vais été amenée exprès à la promenade
pour cette entrevue. Je ne me trompais pas. Nous fumes engajées à dîner. Ma Mère acepta. Je refufai net.
Mais on me fit tant la guerre, que ma

timidité naturelle , mon inexperience ,
ma jeuneſſe , me firent conſentir à ſuivre ma Mère ; ou plutôt, on m'entraîna.
Nous trouvames une belle maiſon , des
Valets , un Dîner magnifiq.   On ſe mit
à table ; mais je ne pouvais manger :
j'avais dans la poitrine un ſerrement
qui me ſuffoquait J'ai preſque toujours éprouvé la même chose , toutes
les fois que quelque malheur me me-
naçait : c'était le plûs grand de tous qui
m'atendait en cette occaſion. Qu'on me
diſpenſe de detailler davantage (1)...

  „ Le ſaiſiſſement et la douleur m'oc-
caſionèrent une maladie , qui a duré 2
ans , et dont Mr.-Nicolas m'a vue con-
valeſcente : il était loin ſans-doute ,
d'en ſoupçoner la cauſe !...

  „ Nous retournames cependant chéz
l'Home du *Palais-royal* , qui , perſuadé
que mon honêteté n'était pas une grimace , ſe comporta de manière à repa-
res ſes premiers torts : mais je n'ai jamais voulu rien recevoir de lui

  „ Un autre Home , ancién Ami de ma
Mère , ſe preſenta enſuite avec des pro-
poſicions brillates. On a penſé que Mr-
Nicolas me determinerait à les accep-

(*) On ſait que Sara m'avait fait ce-recit de bouche, avec des circonſtances un-peu-plûs detaillées.

ter, ét c'est la cause de notre liaison; mais il a fait tout le contraire. Cet Honête-home a pris pour moi les fentimens d'un veritable Père, et j'en conferverai une éternelle reconaiffance. Puiffe-t-il, de fon côté, me conferver ces précieux fentimens! fi ceux de la plus tendre des Filles peuvent contribüer à adoucir fon fort, à égáyer cette triftelle habituelle où je le vois plongé, il peut être fûr qu'il a trouvé une Amie, qui ne changera jamais ».

Avant d'exprimer l'effet que cette lecture fit fur moi, il faut obferver aujourdhui, que je fuis moins rapidement entraîné, que le recit de Sara est fort abregé, ét qu'il n'est point d'accord en tout avec les difcours de fa Mère, qui racontait autrement la fuite de fes voyages à la pourfuite de fon Mari; mais avec des circonftances fi romanefques, que je fuis tenté de croire, qu'à quelques adouciffemens près, la verité est du côté du recit de Sara. La Mère dit avoir été à *Conftantinople*; ce qui n'est pas vraifemblable. Elle raconte enfuite des particularités de fon fejour à Dijon, où elle était fêtée (dit-elle) chez l'Intendante: Elle affure qu'elle a vu dans cette Ville à fes genoux une Home de marque, ét qui ocupe,

aujourd'hui, un pofte très-élevé. Elle
vint enfuite à *Clameci*, petite ville du
Nivernais, où un Marquis foupira pour
fes charmes. Il l'adorait, et la première-
fois qu'il entra chéz elle, ce fut par la
fenêtre; il manqua de fe tuer: fans-
doute la compâtiffante Leeman fut atendrie par le danger qu'il avait couru.
Elle ajoute, que lorfqu'elle partit, il avait
refolu de fe laiffer mourir. Mais on
m'a-doné une verfion toute differente:
On affure qu'elle fut deteftée
dans cette petite Ville du Nivernais,
parce-qu'étant jolie ét coquette, elle
troublait tous les menages, en tournant la tête aux Maris provinciaux,
dans un pàys où le Sexe eft en-general
afféz-laid. Quant au Marquis, On me
l'a-nomé: loin d'avoir-voulu fe tuer au
depart de cette Femme, il ne parle d'
elle, que come d'une Miserable. De
Clameci, mad. Leeman vint à *Aucerre*,
où elle fe fit également deteffer, par
toutes les mêmes caufes inclufivement:
Le Mari de la Dame chéz qui elle fejourna, la rencontra depuis à Paris, ét il
affura l'avoir vue racrocher avec fa Fille
(Sara). Ce qu'il y a d'étonant, c'eft que
cette Dernière qui, dans fes recits, ne
menageait pas fa Mère, l'ait-fait, à certains egards, dans fon Ecrit, et que fur-

 tout elle n'ait-rien-dit de ce féjour en
Bourgogne ! le Recit est même-circonf-
tancié de manière, à l'exclure abfolument. Cependant ce féjour est certain:
Sara ne l'a-donc-pas omis fans-cause?
Il faut encore obferver, que lorfqu'elle
comença d'écrire, elle ne conaiffait-pas
encore mon Rival : mais que la plûs-
grande partie fut-écrite après le 12 MAI,
époque de la première entrevue. Il fuit
de là, que Sara començait à prévoir qu'
elle ne devait-pas tout me confier… Si
pourtant, elle en-a jamais-eû le deffein:
car fa conduite avec moi, même aujourdhui, est un dedale inexplicable. Mais
ce qui doit furprendre davantage, c'eft
l'omiffion abfolue du féjour chez un
Home come-il-faut ! ce féjour m'a-été-
raconté par la Mère ; il est-anoncé par
la Fille, dans fes converfacions avec
moi ! ét cependant, on en-voit aucune
trace ! Voici come la Mère m'a-fait ce
recit : il dement entièrement toute autre manière de voyager :

,, Mon Mari, qui avait des talens fu-
perieurs, pour le deffein des Tapiffe-
ries, fut invité à venir à Paris, avec les
offres les plûs-feduisantes. I y fuccom-
ba, ét partit. A fon arrivée, il parla de
moi à fon Protecteur, qui desira beaucoup de me voir. Il m'écrivit de venir.
                                        Je

Je partis avec mes deux Enfans. (Ici 1781 elle place un Roman de son arrivée à Paris, conduite par un Home qu'elle ne conaissait pas, qui la retint 3 mois dans un magnifiq apartement: come elle ne savait-pas la langue, elle demandait seulement son Mari. A-la-fin, elle s'échapa, et le decouvrit. Ce trait a-été-raporté tout-differenment par Sara). ,,Après avoir rejoint mon Mari, je fis la conquête de son Protecteur: mais je fus sevère à son égard. Come c'est en-consequence de ses offres que j'ai-quitté ma Patrie, et que mon Mari s'est-derangé à Paris, ce Monsieur s'est-toujours cru depuis-obligé de me proteger. Je lui ai-dit plusieurs-fois, qu'il avait-fait mon malheur. Et c'est aussi le motif de son offre de vingtmille-francs pour ma Fille, qu'il regarde come la Sienne, puisqu'elle a-passé chez lui une partie de son enfance ,,. (Ce serait alors Legrainier).

Voila ce que j'ai-recueilli de differens entretiéns decousus. Cependant Sara, dans les comencemens de notre conaissance, me témoignait la plûs-grande repugnance pour voir cet Home, qui lui avait-servi de Père, chez qui elle avait-été-elevée, à qui elle devait son educacion!... Mais abandonons ce c'aos de

XII Partie.   N n

1781 contradicçions ét de menfonges, pour
nous-en-tenir à l'Hiftoire écrite par Sara : pourvu que cette Hiftoire nous
done une idée vraie de la Mère ét de
la Fille, le refte importe peu. Je n'aurais-pas même fait cette longue remarque, fi je ne voulais doner, par ces *Variantes*, une idée de la manière dont
toutes les Avanturières font leur hiftoire : Ce que je n'ai jamais conçu, ce
que je ne conçois pas encore, c'est pourquoi Sara decriait fa Mère de-concert
avec fa Mère ! C'est un rafinement
uniq ; c'est une ruse inconcevable dans
fes motifs, ét que fes effets ne juftifient
pas ! Car elles y ont perdu toutes-2. Au-
refte, on retire un avantage de cette Hiftoire, c'est qu'elle préfente un tableau
vrai, fouvent repeté, de la conduite
des Intriguantes obfcures, ét qui par-
là n'en font que plüs dangereufes ; elles
ont le champ plüs libre pour tromper.

En achevant de lire l'Hiftoire de Sara, mon cœur était atendri : ,, Chère
Amie ! (penfai-je) tu m'as promis d'ê-
tre conftante, de ne jamais changer !
J'y-compte, ét je veux t'adorer jufqu'au
tombeau-... Elle était deja changée !...
mais je l'ignorais. ¶ Revenons à la
Mère de Sara, que j'avais prefque-for-
cée de retourner auprès de fa Fille. Je

lui avais decouvert les vues honêtes autant qu'avantageuses que j'avais pour
cette Dernière, par-là j'avais excité fon
attenfion : Elle me repeta plusieurs-
fois : ,,Que ne m'avéz-vous dit cela !
je n'aurais cherché Perfone,,! Peutêtre
disait-elle la verité, dumoins pour jufqu'au temps où j'aurais éú rempli fes
vues : mais, lorfque j'avais expliqué à
fa Fille, coment je devais agir pour
elle en Père, elle m'avait toujours fort-
recomandé de ne pas dire un mot de
ma bone-volonté à fa Mère. Quel était
fon but ? Avait-elle deflors.... Mais
pourquoi conjecturer ? La Mère ét la
Fille étaient d'accord pour me tromper : C'étaient 2 Avanturières adraites
ét gauches tout-à-la-fois, qui favaient
parfaitement ourdir une trame, mais
qui n'avaient pas affez de conftance
pour la fuivre jufqu'au bout... Que
n'ai-je conu plutôt cette fatale verité !
Quoi ! l'inocence, la candeur peintes
fur le front de la Fille ; fon air decent, honête.... (mais elle l'avait de-
menti, cet air honête ét decent), tout-
cela n'était que grimace ét tronperie?...
Environ dās le temps de la première rencontre avec Delamontette, elle devint
folle, impudente ; fon badinage était
celui d'une *Fille.* J'en étais furpris,

1781 mais j'en-riais, ne croyant pas qu'il fût
possible, à-moins que ce ne fût un badinage, qu'une Jeune-persone auparavant si modeste, devînt absolument impudente. Non, je ne fus pas détrompé
.... ¶ Je disais que mad. Debée-Leeman
était partie vers les 11-heures, pour prévenir (disait-elle) le retour de Lamontette, et que ce n'était qu'un voile qu'elle
jetait sur sa turpitude.

A son retour auprès de sa Fille, la
Mère de Sara lui fit part de mes alarmes
(à ce qu'elle dit; car j'ignore en quels
termes elle s'exprima): ,, Hé-bien
(repondit ma *tendre Fille*)! je vais lui
écrire,,. La Mère m'assura, quand je
la revis, qu'elle la gronda. ,,Coment,
mademoiselle! cet Home se meurt, et
vous vous contenteréz de lui écrire!
Non, non, il faut s'en retourner! ,,Vous
avéz promis de rester jusqu'à dimanche
(objecta la Fille). ,,On m'excusera,,.
Malgré ma *constante Amie*, il falut revenir le soir même. C'était le vendredi.

Il était 9-heures; je ne les atendais
pas encore; sans quoi, à chaque carosse, j'aurais volé à la fenêtre. J'é-
tais assis auprès de la table, ocupé à lire, à copier, en le trempant de mes
larmes, le cahier où Sara avait écrit
l'Histoire de sa jeunesse. On frape à
ma porte. Je reconais la manière de

1781

Sara : Je treffaille, je me léve, je cours, je renverfe tout ce qui s'opofe à mon paffage. J'ouvre... Sara, cette Fille que j'avais crue fi tendre, fi fenfible ; qui m'avait juré mille-fois de me regarder à jamais come fon Pére ét fon Ami, Sara me dit d'un air glacé, mauffade, dur : „ Hé-bién ! qu'est-ce donc ! Me Voila ! „ Qu'est-ce donc ? (repondis-je, après l'avoir neanmoins tendrement preffée contre le cœur qu'elle dechirait); Hé ! quoi, ma Fille ! vous partéz à mon infu ! vous ne revenéz pas le foir ! je n'ai pas de vos nouvelles ! je fais ce que vous m'avéz dit tant de fois ! ét vous paraiffez furprise de mon inquié-tude ! Me croyéz-vous donc infenfible ! Hâ ! Sara ! vous ne conaiffez pas encore le veritable atachement ! Chére Sara, trop-jeune fans-doute, pour fentir co-me moi, ton cœur ne s'est pas encore atendri à l'école de l'adverfité-! Ces mots parurent la toucher ; elle fit quel-ques effors, pour me paraitre telle qu' avant fon fatal voyage.

Toi, qui m'as rendu malheureux (s'il est vrai que j'aie été aimé !) peut-être un-jour verras-tu cette *hiftoire :* Je n'y-ai-dit que l'exacte verité : aprécie, d'après ce que tu as deja lu, ét ce que tu vas lire, Celle que tu m'as ôtée !

Le voîle est tombé pour moi ; je te l'arrache, fi tu me lis : voi, voi, quelle était cette Sara, que nous avons-aimée! pour laquelle je t'ai abhorré, pour laquelle tu m'as-haï! La foif de ton fang a été dans mon cœur (hélas ! quels remords n'aurais-je pas aujourdhui, mon crime fût-il demeuré enfeveli dans l'ombre éternelle !) A Quî t'aurais-je immolé ? A Quî m'aurais-tu facrifié, fi ton adreffe eût-triomfé de la miéne? O Delamontette ! je rougis de mon amour et de mes fureurs ! rougis à ton tour de tes complaisances, et des tourmens cruels que tu m'as-causés..... Hélas ! à l'inftant où tu liras cette Hiftoire, le voîle fera tombé, fans mon fecours : Sara n'aima jamais : la nouveauté, le changement lui donent feuls l'aparence du fentiment qu'elle ne conait pas!...

C'eft ici où vont comencer les fureurs de la jalousie. Mon Rival vint le lendemain au foir : La Mère m'en-avait prévenu, en m'invitant à le voir, pour en dire mon fentiment. Mais ce foirlà je le vis trop-peu. Sara fe comporta bien ; elle ne marqua pas une aveugle préference, et je me couchai tranquil,... tranquil !... pour paffer au lendemain, le jour le plûs cruel de ma vie.

Je fus invité à dîner. La Mère de Sara le donait à fon nouvel Ami, chez

qui elle avait passé 3 jours. J'hésitai
si je m'y trouverais : La jalousie m'en 1781
eloignait, et ce fut-elle qui me fit accepter. Sara elle-même eût l'air de m'inviter ; elle me dit le matin : ,, Vous dî-
nerez avec nous-? Je crus aumoins que
c'était une invitation ; mais j'ai depuis
eû lieu de croire, que c'était une simple
question, et qu'elle aurait desiré que je
ne me trouvasse pas en présence de son
nouveau Choix. Je m'y trouvai cependant : j'étais poussé malgré moi. Ainsi
je vis Delamontette auprès d'elle. J'en
fremis. Je saluai d'un air trouble....
Je me remis enfin, en jouant un *domi-*
no. Nous dinames : Tout se passa decen-
ment de la part de Sara ; mais la Mère,
en finissant de dîner, le trahit : ,,Qui
dirait (s'écria-t-elle) que nous ne co-
naissions pas Monsieur il y a 15 jours-!
Nous alames après-dîner au *Jardin-des-*
Plantes. Ce fut-là, que la passionnée
Sara (qui peut être n'était qu'interes-
fee), montra les sentimens les plus affectés pour Delamotette. Elle s'apuyait
languissamment sur son bras ; elle ne parla
qu'à lui ; elle ne laissait tomber sur moi
que le regard le plus froid et le plus-
dedaigneux. L'affreuse jalousie jeta dās
mon sein tous ses serpens irrités ; j'en
sentais les morsures brûlantes ! Tantôt mes larmes voulant couler ; tantôt je

1781 m'excitais à cesser d'aimer une Ingrate,
et tantôt la fureur m'inspirait de noirs
projets!.... Que je fus malheureux!...
Mais ce n'était rien encore!... Nous revinmes.... C'était moi qui marchais avec
la Mére, cette Femme abhorrée, pour
qui j'avais le mépris merité, que sa
Fille m'avait si bien motivé!... Mais
sans lui doner le bras; j'eusse ressemblé à
Florimond, conducteur ordinaire. Mon
Rival, content, enchanté, venait à pas
lents derrière nous avec Sara, qui lui
souriait d'un air d'intelligence. Malgré moi, mes regards reprochaient au
Ciel l'excès de mon tourment. La Mére
s'en aperçut, et cette Femme, la dureté
même, come toutes ses Pareilles, fit
quiter à sa Fille le bras de mon Rival,
en lui disant: ,, Une Jeune-persone n'a
pas plus besoin que moi de s'apuyer
sur un bras, et je m'en passe bién ,,. Le
soir Sara osa me dire, que sa Mére
avait trouvé que j'étais de mauvaise-hu-
meur à la promenade!

Nous étoions tous-3 invité à dîner
pour le lendemain par Delamontette,
à cette maison-de-campagne, où les 2
Femmes avaient passé 3 jours. Je la
croyais à une distance assez considera-
ble de Paris, pour qu'il ne fût-pas naturel de revenir le même jour. Ainsi,
la curiosité, ma jalousie, qui me for-

çait à fuivre Sara, tout me determinait 1781
à l'y accompagner. D'ailleurs, la Mère
en partant vers les 11 heures, m'avait
promis d'en revenir le foir, et j'efperai
que ma préfence l'engagerait à tenir fa
parole. Le chemin ne fut pas d'une
demi-heure! J'en fus furpris!..... A
notre arrivée, mon Rival était abfent:
Je tâchai d'être gai. C'était un Gar-
fon, un Home à marier; il y avait des
efperances, non pour le mariage, auquel il avait declaré qu'il ne penfait pas,
mais à une liaifon, telle que la Mère la
defirait. Il avait offert (difait-on), de
faire *bourfe-comune:* On entendait par-
là, qu'on puiferait quand on voudrait
dans la fienne : Pour lui, c'était autre
chofe qu'il entendait: voyant des Femmes bien mifes, il les crut riches à pro-
porcion; il fe propofait de faire avec
elles dépenfe comune, chaqu'un fournif-
fant de fon côté, et les deux depenfes
reünies, devenant moindres que fepa-
rées. C'était un Home d'efprit : Cependant, quelle fotife! elle egalait aumoins la miénne! Quoi! il f'imaginait,
que fi on avait eü l'aifance qu'anonçait
la mife, fi on avait été honêtes, come
on voulait le faire paraître, on lui aurait jeté à la tête une Fille charmante;
on l'aurait prefque *racroché* au *Boule-*

1781 *vard!* Pauvres infenſés que nous ſomes! nous perdons la tête, quand une
Femme nous plaît, ét il n'eſt pas de chi-
mère que notre imaginacion ne realiſe!..
Ainſi, on ne ſ'entendait pas, ét ce fut
mon malheur (dans les idées que j'ai
conſervées depuis un ſi long temps)!
La Mère ét la Fille eſperaient une bourſe
ouverte, ét comptaient même encore
ſur moi (quoiqu'elles fiſſent toutce qu'il
ſalait faire pour m'aliéner); Delamontette ſ'imaginait faire une Conaiſſance
bourgeoiſe ordinaire. Il voyait qu'il
avait plu à la Fille, ét il eſperait tirer
parti de cette inclinacion... Je ne te
laiſſerai pas ton erreur, trop heureux
Rival! je vais faire luire à tes ieux l'in-
comode ét fâcheuſe verité; non telle
qu'elle eſt (je ne la conais pas encore)
mais telle que je la ſais!...

Delamontette avait été audevant de
nous; ét après une atente qui parut longue à Sara, nous le vimes arriver par
le jardin. Le cœur de cette Fille pal-
pita de plaiſir. Il entra. Elle vola au-
devant de lui. Nous nous promenames:
elle ne le quita pas. Quelle odieuse
effronterie, après ſes promeſſes, ſa conduite avec moi! Come cette conduite
dementie ſentait la Courtiſane! la Fille
perduë!... Nous nous mimes à table:

je dois le dire, la Perfide osa poser encore fon pied fur le mien, quoiqu'elle re-
pondît aux affeteries indecentes et ridi-
cules de mon Rival.   Cet Egoïfte, qui
f'aperçut qu'il la captivait, f'efforça de
l'engajer à f'afficher devant Un de fes
Amis, Un *Sirjean*, huiffier, invité pour
être temoin de fon triomfe. quoiqu'à
fon arrivée, on eût feint de ne pas l'a-
tendre : Ils f'étaient quités en chemin,
et l'Un était venu par le devant de la
maison, l'Autre par le jardin.   Les Convives étaient depeints, avant qu'on les
vît, et nous fumes tous-trois pour cet
Etranger à notre égard, des Objèts de
curiofité.   Sara ne fentait rien de tout-
cela ; elle fesait la *Fille* devant Lamontette, devant l'Etrangér, devant moi !...
Au-milieu du dîner, je n'y pus tenir,
et j'alai me mettre à une croisée dans
le coridor, où mes larmes coulérent,
en voyant les Gens qui alaient fe divertir, chaqu'un avec leur Amie : ,, Infortuné ! (penfai-je), moi feul, quî ai tout
fait pour la Mienne, j'en fuis abandoné!
L'Ingrate m'oublie, elle change après
tous fes fermens ,,!... Un inftant après,
je me disais à moi-même : ,, Il te fied
bien d'aimer à ton âge!   Hé! rougis
de tes larmes , de ton atachement!
Que regrettes-tu?   Les fentimens qu'

1781 elle avait pour toi? Hâ! si elle les avait
eûs, elle les aurait encore! Tu n'avais
rién; tu n'as rién perdu, qu'une illusion
trompeuse!..... Hêlas! cette illusion
était tout mon bién, et je ne l'ai plus!
elle pouvait toujours durer, et la voilà
detruite! Sans ce malheureux Home,
qui est venu me l'enlever, je l'aurai
encore „! Puis, par retour fur moi-
même, me rapelant ce canton, où je
fesais mes parties avec *Zefre*, et mes
Amis, je fondis en larmes, en étouffant
ce cri: „ Hô! hô! Infortuné! quelle
metamorfose tu as éprouvée! Celle de
Circé n'était pas plus humiliante, plus
degradante „! Et je me desolais!.....
Je rentrai, aubout d'un temps fort-
long, et ce fut pour être de-nouveau le
temoin des preferences de Sara envèrs le
Noiraud, portées jusqu'à l'impudence.
Et cependant elles ne detruisirent-pas
mon amour!... Mais il falait que ma
douleur s'exhalât; fans le vouloir, fans
y penfer, amené par les circonftances,
je vais porter le coup mortel à la paffion de mon Rival, à fon bonheur; je
vais renverfer les deffeins de ma cruelle
Ennemie, la Mére de Sara; je vais ôter
à Celle-ci un efpoir dont elle començait à fe flater! ¶ Nous fortimes. La
Mére, que je detestais, s'empara de
moi.

moi , pour que fa Fille eût l'Inconu.
Nous alames nons promener dans un
jardin : Là , mon Rival , laiſſa courir
Sara, qui voulait cueillir des fleurs avec
les Jardinières , filles de l'Hôte , et il
m'accoſta. Il me trouvait concentré ; la
jalouſie qu'il excitait, rebondiſſait contre ſon cœur : il chercha donc à me
penetrer , tandis que ſon Ami entrete-
nait la Mère, et que Sara aidait aux jeunes Jardinières à cueillir des roses.

Quoique je le haïſſe , On conaît les
Amans ; ils aiment tant à s'occuper de
leur Objet, qu'ils preférent d'en-parler
à leur Rival (dûſſent-ils par-là ſe nuire
à eux-mêmes) à garder un prudent ſilence !... J'avais dans le cœur 3 ou 4
paſſions, l'amour, la haîne , la jalouſie , la vengeance ; c'étaient ces 4 mouvemens combinés , qui comandérent à
ma langue. Je començai par écouter
l'amour, et il me fit dire tout le bien
que je penſais encore de Sara. Mes
larmes coulèrent. ,, Vous l'aimez ! (me
dit-il). ,, Je l'adore ,, ! (m'ecriai-je).
Imprudent ! qui me nuiſais ainſi à moi-
même , et qui donais un nouveau prix
à Sara , par la violence de ma paſſion !..
Je la peignis , cette Fille que j'aurais-dû
conaître , come je la voyais , et je la
voyais encore en Amant : Je la repré-

XII Partie O o

1781 sentai come une Fille aimable, inte-
reffante, pleine de candeur, vertueuse
par principes, autant que par caractè-
te ; mais fouverainement malheureuse
par-là-même.   Alors la haîne s'empa-
rant de mon cœur, en fongeant à la
Mère, je peignis Celle-ci come je la
voyais auffi : qu'était-ce en-effet, qu'
une Appareilleuse infâme, qui vendait
la Fille ? Je dis tout ce que je favais de
l'Home du *Palais-royal* ; de l'Home
aux vingt-mille-francs : je dis ce qu'elle
m'avait propofé à moi-même, en m'offrant fa Fille : Je parlai de M. Dumont;
je fis entendre à mon Rival ce qu'on
efperait de lui : ,,Cette Fille aimable
ét douce (lui dis-je en fuffoquant de
douleur), elle est à vendre ! ,,Elle est
à vendre ! (s'écria-t-il). ,,Oui à vendre ! La vouléz-vous acheter ! ,,Non,
non ! elle m'intereffe infiniment : mais
je n'achète pas ; je rougirais de folder
l'Objet de mon atachement. ,,Il faut
donc y renoncer (lui dis-je). ,,Non,
elle m'intereffe trop, d'après ce que
vous venéz de m'en-dire. (,,Há dieu !
(penfai-je, devais-je donc la louer avec
tant d'entousiame ,,)! En ce moment
Sara, un tablier de Jardinière devant
elle, un petit paniér à la main, s'aprocha de nous, cueillant des roses. ,,La

voila ! (dis-je à Lamontette). ,, Oui : 1781
feignons de parler d'autre chose ,,. En-
même-temps il me repondit, come si
nous eûffions agité quelque queftion
de fyfique. Lorfque Sara fut auprès de
nous , nous-nous empreffames tous-2 à
la louer, à lui dire des choses agreables.
Les fourires ne furët que pour mon Rival , quoique mes expreffions fuffent ,
beaucoup plùs-flateuses que les fiennes.
Elle s'éloigna. Cependant , come Lamontette me moutrait de l'amitié, furtout les fentimens les plùs-honêtes , il
m'infparait une certaine confiance : Je
lui dis , que je me felicitais que ma
jeune Amie fût-tombée en d'auffi bones
mains. De fon côté , il protefta, qu'il
n'avait pas d'amour ; qu'il n'y entrait
rien de relatif à cette paffion , dans la
liaison qu'il fe proposait de former :
En-un-mot , il me parla come un Home-d'efprit , qui est fûr d'être-aimé ,
parle à un Home faible , qui voit qu'il
ne l'est plûs , ét qui en est au-desefpoir.   Il faut ici rendre juftice à mon
Rival ; fa conduite fut genereuse à mon
égard , aumoins par les aparences ; ét
dans le comerce de la vie , on doit
beaucoup à Ceux qui veulent bien les
obferver ! Mon entretien avec Lamontette dura plùs de 3-heures : je ne pou-

vais me lasser de parler de Sara, que je
voyais bien qui m'échapait ; en parler
me semblait en-jouir encore : et mon
Rival, de son côté, croyait ne pouvoir
être trop instruit sur le compte de 2 Femmes, avec lesquelles il avait comencé
de se lier. ¶ Pendant ce long entretien,
mad. Debée-Leeman était sur les
épines : sa conscience lui fesait deviner
la matière de notre conversacion : mais
ce qui me surprit, c'est que Sara n'en
était pas moins inquiète. Enfin, nous
nous raprochâmes de la Mère

L'entretien avec mon Rival m'avait
doné quelque consolacion : sans réflé-
chir, s'il m'avait dit vrai, je compris
qu'il était impossible qu'il formât avec
Sara une liaison durable : je conaissais
trop bien les vues de la Mère, quoique
je ne fusse pas encore que celles de la
Fille étaient les mêmes. Ce fut d'après
cette idée, que je regardai comme certaine, que je voulus éviter à ma *naïve*
Amie le désagrement d'avoir eu inutilement un Home de plus. Je lui fis entendre en deux mots le résultat de mon
entretien avec Lamontette : Cependant,
lorsqu'il s'agit de s'en retourner, comé
on me l'avait promis, et que Lamontette proposa de coucher à sa petitemai-
son, Sara, deja instruite par moi, opina

secrètement pour rester ; je la voyais ti-1781
rer sa Mère par la robe, afin qu'elle ne
fît pas attension aux raisons que j'alle-
guais. En-effet, quelle indecence, que
deux Femmes, qui n'étaient qu'à demi-
lieue de chéz elles, restassent dans un
vide-bouteille de Garson, où il n'y avait
qu'une chambre-à-coucher !... Certainement la Mére de Sara ne l'eût pas fait
pour elle-même ; et si aulieu d'avertir
la Fille, j'eusse dit à la Mère, qu'elle
n'avait rien à prétendre, je l'aurais vue
la plûs empressée à s'en retourner : mais
je ne le fis pas : Je n'étais plus à moi ;
le cœur égarait la tête. Ainsi, à mon
grand étonement, la Mère ét la Fille res-
térent à coucher, n'ayant pour trois
qu'un petit lit, dont on se partageait les
matelas. Mais il falait que Sara, de-
venue folle de Lamontette, mortifiât de
toutes maniéres l'Home qu'elle avait
seduit par un faux atachement, une
fausse honêteté, une fausse candeur.
Ce qu'il y eût de plûs douloureux ét de
plûs humiliant pour moi, c'est que mon
Rival s'aperçut combien je souffrais, ét
qu'il m'offrit sa pitié. : D'un air de Pro-
prietaire, lorsqu'il vint avec les deux
Femmes me reconduire jusqu'aux *Boulevards*, il me présenta la main de Sara :
» Alons, puisque vous vous quittez,

1781 vous devéz avoir quelque-chose avous
dire : aléz enfemble ». Et il nous ac-
coupla. Sara, froide come ... une *Fille*
qui eft avec un Home, tandis qu'elle
en aime Un-autre, garda la morgue la
pliis infultante. Je tâchai de lui parler
bonement : Rien ne l'intereffa. Je parlai de fon Amant ; et ce fut alors, qu'a-
vec la tournure la moins desobligeante,
je lui repetai ce que je lui avais deja
fait entendre. » Votre Mère n'a pas
trouvé ce qu'elle cherchait, ma Fille.
» Coment cela, *Monfieur* ? » C'eft que
м. Delamontette vous refpecte trop,
d'après ce qu'il a vu de vous, ét ce que
je lui ai dit, pour vous rabaiffer au rang
de *Fillee-entretenue.* » Et que lui avéz-
vous dit? » Mais je lui ai fait conaître
votre Mère, d'après ce que vous m'avéz
confié... » Vous avéz très-mal fait!
» Pourquoi? vous ne cherchéz qu'un
Protecteur, pliis puiffant que moi, fans-
donte : je vous ai épargné un rôle, toujours desagreable, en lui aprenant, ce
que vous n'auriéz pu lui dire qu'avec
desavantage. » Je vois que vous avez
fait des imprudences ! En-verité, *Monfieur*, je fuis très-fâchée, que vous vous
foyiéz mêlé de ce qui me regarde, ét
furtout de ce que vous avéz dit tantôt
devant moi, dans le jardin ! » J'ai cru

le devoir, pour vous prouver mon ami- 1781
tié. ,, Ce n'en est pas là une preuve..
,, N'avez-vous dit que cela? Il faut que
je le fache! ,, J'ai parlé de l'avanture
de M. Dumont, ,, Hâ-ciel!... he! l'a-
vez-vous nomé? ,, Non. ,, J'ai parlé
de M. De-Vefgou (l'Home du *Palais-
rayal*). ,, Voila qui est bien, *Monfieur* !
On peut dire qu'il est bien malheureux,
que vous foyiez venu ici! ,, De M. Legrainier, et des vingt-mille-francs! ,, A
merveilles!... Est-il poffible ! ,, J'ai narré
ré crûment les vues de votre Mère à
l'egard de cet Home, et ce qu'elle m'a
dit à moi-même. ,, Ainfi voila ma Mère
deshonorée dans fon efprit ! ,, C'est
votre avantage! ,, Aléz, *Monfieur*, vous
êtes... En-verité ... je fuis bien malheureuse!... ,, Est-ce de m'avoir conu?
,, Certainement..... vous me faites un
grand tort! ,, Je ne vois pas cela!
,, C'est que vos lumières ne font pas
fort etendues... Aurefte, je ne fais pas
pourquoi nous alóns ainfi enfemble;
c'est aparemment pour faire croire
qu'il y a quelque chose entre vous ét
moi ,,! En achevant ces mots, elle me
quita le bras, et ala entre fa Mère et
Lamontette. La furprise me ferma la
bouche: je dis auffitôt adieu. Lamontette pria Sara de m'embraffer : La Mè-

re dit, *Pourquoi donc?* et je revins feul.
J'étais amant, j'étais jaloux, et je laif-
fais la Fille que j'aimais avec mon Rival, un Rival préferé, qui avait pour
lui, le lieu, fes manières, une inclinacion naiffante ! Ceux qui ont aimé avec
violence, Ceux qui ont été jaloux avec
fureur, fe formeront une idée de mon
fuplice !.........

Arrivé chez moi, je fentis ce que la
jaloufie ét l'amour outrage peuvent
faire éprouver de plüs violent. Je ne
dormis pas : des fonges effrayans trou-
blèrent quelques fecondes de fomeil,
et r'ouvraient avec effort mes paupières
à-peine apefanties. Le matin mon opref-
fion fut fi forte, que je crus en mourir:
Je m'y resolus. Mes larmes coulèrent
come deux fontaines : Tout à mes ieux
prit une teinte de douleur ; tout gemif-
fait dans la nature, ét fe mettait à l'unif-
fon de mon cœur ; à tout moment, je
defcendais à la chambre de Sara ; je regardais, je touchais fes habits, je feuil-
letais fes chanfons ; un mot penfé par
elle, que j'y trouvais, me paraiffait un
trefor... Cette cruelle journée s'écoula.

Le lendemain, je ne pus refifter à l'envie d'aler voir Sara chez mon Rival. Je
la trouvai plüs froide pour moi, plüs
indifferente que jamais ; elle l'était juf-

qu'à l'impolitesse. J'en fus penetré! deja souffrant et malade, je ne pus retenir mes plaintes ; je montrai toute ma douleur à mon Rival; et me decouvrant moi-même à la haine qu'il devait avoir pour moi, je lui donai occasion de jouir d'un triomfe complet. Je sentis que je le rendais trop heureux en me plaignant come je le fesais. Je lui montrai une des Lettres de Sara (1). Lamontette fut surpris de la trouver si tendre, si decisive en ma faveur, et je jouis un instant du tourment qu'il me fesait souffrir ; il l'éprouva lui-même. Faible soulagement! Lamontette sentit bientôt qu'il était ce que j'avais été ; qu'il possedait le cœur dont la perte me mettait au-desespoir!... Je le vis, et mes regrets s'en acrurent.

Le papier que je venais de montrer, dona laplüs-vive inquiétude à l'*Ingrate;* elle se douta que c'etait une de ses Lettres : je le vis aux regards qu'elle lançait sur moi. ¶ Je n'ai de ma vie eprouvé un trouble aussi cruel! j'etais en proie à la jalousie, à la fureur, à l'indignacion. Toutes ces passions s'entrechoquaient dans mon cœur dechiré : mais Sara m'etait encore trop chère,

---

(1) La Quatrième, raportée plus haut : *Serait-il possible qu'ayant été malheureuse,* &c.

pour que ma haîne refluât fur elle ; c'était fa Mère que j'abhorrais. Dans un moment, où je parlais d'elle à mon Rival, je m'enflâmai par les plaintes que j'en fesais, ét dans la violence de mes mouvemens, j'agitai ma canne. (J'ai fu depuis, que Lamontette, qui voulait me detruire dans l'efprit de Sara, ét auquel j'en donais tous les moyéns, dit à la Fille dabord, enfuite à la Mère, que je les avais menacées de coups-de-canne. Je ne le crois pas, quoique je fuffe dans le delire). Ce raport que leur fit Lamontette, était auffi imprudent que mes confidences, eú égard à ce qu'étaient ces 2 Femmes : aulieu de les dechaîner contre moi, elles agirent come leurs Pareilles, elles me craignirent, ét Sara comprit dumoins qu'il falait changer avec plûs d'adreffe). Prêt à quiter Sara (que mon Rival eút la bonté d'engajer à me reconduire feule), ét me voyant obfervé, je la priai de m'acorder 12 pas au-dehors, pour lui dire un mot que Perfone ne pût entendre ; ét elle eút la dureté de me refuser. J'avais tout-prêt un effet de 1200 livres, pour les 12 pas, qu'elle eût fait fans-doute, fi elle avait fu ma penfée. Je m'éloignai de l'Ingrate, la mort dans le cœur.

J'alai dîner en-ville, chéz mon Ami

Guillebért, que je confultai fur ma fituacion: J'étouffais. Il me dona fes con-
felis. Le foir, je trouvai la Mère de Sara,
mais feule. Elle avait de l'inquietude à
mõ fujét; ét fans-doute elle était venue
de-concert avec fa Fille, ou d'elle-mème.
Sa vue me bleffa. Je lui parlai cependant avec moderacion. Elle me parut
fort-mécontente de Lamontette, qu'elle
me peignit come un Home dangereux.
J'ai fu depuis, qu'elle voulait m'épouvanter, ét que fes difcours étaient con-
certés avec mon Rival ét fa Fille : *la
tendre Sara* fe fesait un jeu des frayeurs
ét de l'épouvante qu'elle croyait me doner ! Aulieu de paraître effrayé, je
m'emportai avec fureur contre mon Rival. Ainfi le moyén échoua, ét je ne
donai pas à Sara, à l'indigne Sara, le
plaisir qu'elle atendait.

Une chose inconcevable, c'est que je
quitai la Mère affez-bién. Elle me pria
de la venir voir le jeudi-foir, fous pre-
texte de lui aporter une Lettre preffée.
Je donai dans le piége, ne me doutant
pas que mon Rival fût du fecret.... O
Sara !... que je dois te méprifer !... En-
y-alant, j'eús le fpectacle terrible de
l'incendie de l'*Opera*, qui m'éclairait fuf-
fisamment au-milieu de la campagne ét
dans des chemins de traverfe, pour me

faire éviter des mares-d'eau ; car il avait
plu : j'en étais à une lieue-et-demie.
Arrivé, je refusai le souper de mon Rival... Come il devait rire de me voir
acourir crote, mouillé, en sueur, pour
aporter une fausse Lattre, et voir un
instant, ét come par grâce, une Fille
qui se moquait de moi !... J'avais été
bien reçu des 2 Femmes : Sara surtout,
qui était charmée de ce que je ne restais pas, feignit d'en être fâchée ; elle
me dit un adieu obligeant par la fenêtre. Pour mon Rival, il ne pouvait
me quiter ; je le fesais jouir d'un triomfe trop-doux, pour qu'il ne cher-
chât pas à le prolonger. Mais une de
ses demandes me blessa au vif. ,, Hé-
bien, coment va le cœur ? ,, Come il
le doit, lorsqu'il s'est ataché à une Fille
dure. ,, *Dure !* ,, *Dure* pour moi : sa
conduite à mon égard, ne convient
pas ,,. (Je suis admirable ici ! je me
plains à mon Rival, de ce qu'on l'aime,
et qu'on ne m'aime plus ! il faut avouer
que les passions extrêmes font capables
seules de pareilles disparates !) Aussi
Lamontette s'emporta-t-il, s'adoucit-il,
cria-t-il, me retint-il, feignit-il d'être
en colère et compâtissant tour-à-tour.
Dans une autre posicion que la miénne,
cela m'aurait amusé. Je partis enfin,
aubout

aubout d'une heure de redites. Et Lamontette, en rentrant auprès des 2
Femmes, fit le *Matamore:* Il dit de
grands mots fur de très-petites choses;
fit des anfigouris fans fin fur ce que
nous avions dit; fe declara le cham-
pion, le Don-Quichotte de Sara: ,,Si
Quelqu'un ose mal-parler de ma *Fille,*
(c'était la *Fille* à tout le monde! un
peu-plûs à moi pourtant qu'aux Autres,
come on le verra, puifque fa Mère était
la *Lambertine* de la Dame *Chereau*)…
après m'en avoir dit du bién, il aura
affaire à moi!… Des Gens… des Homes… des Filosofes… fe comporter…
Qui le croirait!… Mais fi jamais…
Nous-nous-verrons… Hô! je le verrai…
Y alât-il de ma vie ,,…. On me repeta
ces propos le lendemain: on eût foin
d'y ajouter (et Sara me le confirma dans
la fuite), que Lamontette était la plûs
forte lame de la France: elle croyait
m'épouvanter… Come fi la fureur ja-
lo*fe, quand elle a decidé de fe batre,
regardait à l'habileté!…. Toutes les
fois que j'ai reflechi depuis à cette conduite de la Sara, elle m'a indigné.
Non, au prix de mon fang, de ma vie,
je ne voudrais pas deshonorer l'autel où
j'ai facrifié: mais quel menagement
doit-on à la plûs vile des Creatures, à

XII Partie.   P P

1781 la plûs infâme, à la plûs baſſe ; qui s'est elle-même avilie ; qui non-contente de ſa turpitude, y a joint l'hypocrisie des vertus !... ¶ Je m'en revins fort mécontent de moi-même, après cette converſacion. Le lendemain, je fus très-agité. ¶ Le ſoir, la Mère de Sara eút affaire à la maiſon : elle laiſſa ſa Fille ſeule avec Lamontette, avec un Home qu'elle ne conaiſſait que depuis 15-jours, et dont elle m'avait dit tant de mal ! J'ignorai ſon retour. Le ſamedi-matin encore ému de ce qui s'é-tait paſſé l'avant-veille, j'alai-voir Sa-ra ! Je la trouvai ſeule aſſiſe auprès de la fenêtre. (Lamontette a-dit depuis, qu'ils étaient-épuiſés de jouiſſances). Elle me ſalua de cet air froid, auquel je començais à m'accoutumer. ,, Ma Mère est à Paris, me dit-elle. ,, A Pa-ris ! je l'ignorais,,! Je vis dans ſes ieux qu'elle ne me croyait pas. Je l'aſ-ſurai, que je n'avais pas vu ſa Mère. Nous cauſames : elle me fit quelques reproches ſur ma conduite de l'avant-veille ; elle me parla des Lettres que j'a-vais montrées, et nous convinmes que je dirais, qu'elle les avait-écrites pour ſe former le ſtyle : Elle frapa plusieurs-fois à une cloiſon, pour avertir mon Rival. Il vint come un Home qui s'é-

veille ; ét moi , j'eús la faibleſſe de doner pour une verité , le menſonge conſeillé par Sara. Ce n'est pas que je
n'euſſe ſuggeré moi-même ce motif autrefois ; mais c'était aprés la ſeconde
Lettre , ét je ne crois pas que jamais il
l'ait-determinée à m'écrire. Mon intenſion était cependant de faire ſervir
les Lettres qu'elle m'écrivait , à lui doner un ſtyle naturel. Souvent les ré-
gles y étaient bleſſées (ſans-doute parcequ'elle était Etrangére) , quoique le
mérite du fond s'y trouvât , ét je corri-
geais ces fautes , en lui relisant ſes propres Lettres. Sara , douce alors , m'é-
coutait avec complaiſance , ét elle refe-
sait elle-même ſes Lettres , pour les rendre telles que je les ai-raportées. Durant cet entretién , il y eút une diſpa-
rate ſinguliére dans la conduite de Sara
envers moi ! Sur la fin de notre converſacion , ét dans un inſtant où mon
Rival était occupé en-bas , elle me dit
ces propres mots : ,, Mon Bon-ami ,
j'ai-joué ; je n'ai pas le ſou. ,,. Ce langaje inatendu me penetra de joie , ét
j'y-fatiſſis come je le pus. Enfin je la
quitai. Sara était ſeule à l'inſtant où
je partis , ét ce fut elle qui eút la dureté
de m'y faire ſonger ! ¶ En-arrivant ,
je trouvai la Mére , avec laquelle je

m'entretins une partie de la journée:
j'étais bién-aise de lui parler, pour voir
fi elle me dirait encore qu'elle avait
laiffé fa Fille feule : mais elle m'avoua
que mon Rival était avec elle : Je l'a-
vais vu (non fans le plus grand étonement!) cependant cet aveu ne m'en fur-
prit pas moins, furtout lorfqu'il fut ac-
compagné d'un autre; Qu'a la première-
fois qu'elle f'était abfentée, il était re-
tourné coucher à fa maison-de-campagne.   Ce fut alors que fi j'avais été
moins fenfible, moins aveugle, moins
fubjugué par l'efprit ét par le cœur,
j'aurais dû méprifer ét fuir une·········
Mais je m'en gardai bién! je favais qu'il
y alait de ma vie, fi je rompais alors avec
elle. Je me contentai de chercher à
detruire mon Rival, ét d'employer contre lui les mêmes moyéns qu'il mettait
en ufage contre moi.

J'en étais inftruit par la Mère de Sara : Cette Femme, par une finelle de
fon état, fentit qu'il falait qu'elle nous
brouillât affez, Delamontette ét moi,
pour nous empêcher de nous revoir.
Dans cette vuë, elle me le peignait fous
les plus noires couleurs.   Elle m'affura
qu'elle le deteftait: qu'elle ne compre-
nait rién à fon exiftance; que fûrement
il avait une manière d'être qui anon-

çait un Home dangereux.   Elle me raportait tous les difcours qu'il tenait ;
elle y ajoutait ; elle les brodait.   J'ai
même tout lieu de croire que ma *tendre
Fille*, mon Rival, ét la Mère f'enten-
daient, ét que leur but etait de m'infpirer une crainte conforme à leurs vuës.
Quoi qu'il en foit, voici ce que me repeta mad. Debée-Leeman : ,, *Mr-Nicolas a été bién malheureux ! mais en ce moment ! hâ ! il l'eft plûf-que jamais... Plûf-
que jamais* (repetait-il en regardant Sara, ét en fouriant d'un air de compaf-
fion à mon égard).   Quelques inftans
après, il disait : *J'aime bién la Bonne-
amie de Mr-Nicolas ! Hâ ! qu'il est agreable d'avoir la Bonne-amie de Mr-Nicolas !*
Ces propos m'étaient revenus dans l'efprit le foir de notre altercacion.   Je lui
avais dit, *que j'avais fait une épreuve par
ma conduite avec Sara, dont elle ne f'était
pas tirée à fon honeur ; qu'elle avait l'âme
dure, ét que j'étais revenu de mes fentimens
pour elle.*   Mon Home avait pris feu à
ce difcours : Il f'était écrié que j'alais
la haïr (come f'il avait dû en être bién fâché !)   J'avais entrepris de m'expliquer ; mais il n'avait pas voulu m'entendre ; il avait parlé en-même-temps
que moi, ét ç'avait été l'Offenfé qui
avait querellé l'Offenfeur.   La Mère,

1781 après m'avoir raporté ces propos, ajouta, qu'il avait été furieux pendant le souper. Que signifiait cette comedie; ét en quoi la dureté dont je m'etais plaint, de la part de Sara, intereffait-elle l'Home qu'elle me preferait? Pourquoi en paraiffait-il furieux! Hélas! il croyait en imposer par-là plus aisement à une jeune Imprudente, qui fe livrait fans conaître!... La revoltante image qui f'offre à ma penfée, ne ferait qu'augmenter mon indignacion... Mais Lamontette était lui-même joué par ces 2 Femmes, qu'il croyait fubjuguées.... Tout était concerté entre la Mère ét la Fille : Avec Lamontette, on convenait de m'effrayer par fon credit ; par l'idée qu'on prétendait me faire prendre de certaines comiffions fecrétes, dont on le fuppofait chargé par le Gouvernement : Avec moi, la Mère exprimait les craintes qu'elle avait de lui, afin de m'en infpirer : La Fille jouait un autre rôle : quand je l'interrogeais, elle ne me parlait qu'en bién de mon Rival; elle me disait confidenment, qu'il n'etait rién de ce que fa Mère m'avait dit; que c'était elle-feule qu'on voulait effrayer. Elle ajoutait enfuite (ét voici la fineffe de cette Fille naïve), qu'à la verité M. Delamontette avait un credit très-grand, mais qu il etait trop honéte, pour s'en servir contre moi. ,, Nous agissons de concert pour effrayer ma Mère (ajoutait-elle) : Nous convenons, en son absence de ce que nous dirons devant elle : ce sont des choses vraies, si veus voulez, mais qu on pourrait se dispenser de dire : dailleuts, pour l intriguer davantage, il lâche des mots sans suite ; il affecte d'avoir des dépêches secrètes très-pressées : Quand son Ami (le même qui avait diné avec nous), vient le voir, ils parlent ensemble à demi-bas, ét par leurs expressions, ils lui causent des frayeurs qui m'amusent ,,. Tel était le langaje de la délicate Sara ; l'Impudente osait tenir ces propos à l'Home qu elle trompait !... Son assurance, dans ces occasions, comença de me prouver, combièn elle devait étre exercée dans l'art des Courtisanes, ét je m'en voulus moins de m'être laissé tromper... Hô ! si dumoins je l'avais entièrement conue alors !

La Mère ne s'amusait pas moins à mes depens que la Fille : Aprés m'avoir raporté tout ce qu'elle croyait avoir entendu, ou tout ce qui se disait dans leur tripot, elle jouissait de mon indignacion, de mes fureurs, de mon emportement. A son retour auprés de

1781 Lamontette, ét de fa *digne* Fille, elle
ne manquait pas de raporter tout ce
qu'elle m'avait ouï ou fait dire de mon
Rival ; elle m'atribuait en-outre ce qui
était forti de fa propre bouche ; elle
irritait Delamontette ; elle l'obligeait à
fe repandre en menaces, qui m'étaient
exactément rendues, auxquelles je repondais, ét dont elle était la Colpor-
teuse plûf-que fidelle. La Mère ét la
Fille égáyaient enfuite leur méchanceté
de tout ce trigaudage : C'était le feul
plaisir de leur goût, ét ce temps fut
fans-doute le plûs heureux de leur vie.
Et j'avais cru Sara une Ange !...

Aprés toutes ces decouvertes, que
penfe-t-on que je fis ? Je fentis qu'il
m'était impoffible de vivre fans une illusion, dont Sara refterait la maîtreffe.
Aulieu de concevoir pour elle l'indifference qu'elle meritait de ma part, je
paffai la journée où elle devait revenir
de chéz mon Rival, à former des pro-
jéts, pour me mettre à fa difcrecion.
Plus de cette fermeté mâle qui fait
l'Home ; elle m'avait abandoné... J'a-
tendis fon arrivée avec impacience : ce
ne fut qu'à neuf heures ét demie.....
Pourquoi cette faibleffe ? On le pré-
sume par un mot que j'ai dit.

Tous les glaçons du nord parurent

sur le visage de l'Ingrate, et je lui fis
l'honeur de croire qu'elle me haïſſait.
Encore animé contre Delamontette, je
ne le menageai pas devant la Mère : je
croyais le conaitre, d'après ce que cette
Femme m'en avait dit : je le peignis
ſous des couleurs, capables d'effrayer
des Femmes, que l'obliquité de leurs
vuës n'eût pas raſſurées, ſi je n'avais
tenu d'elles tout ce que je ſavais. (Come elles durent en rire !) Cependant
Sara paraiſſait furieuſe. Elle ne me parla
qu'en me lançant de ſes yeux la foudre
et les éclairs.   Mais j'étais trop ému
pour y faire une attenſion ſuivie ; j'en
ſentis ſeulement ſon injuſtice davantage : car je m'enflâmai peu-à-peu, indigné de voir Celle qui m'avait promis
ſon atachement et ſa confiance, ſe rire
de mes peines, les braver, les irriter,
en prenant ouvertement le parti de mon
Rival ; je ſortis des bornes : Sara qui
m'avait toujours vu tendre ; qui ne
ſavait pas ſans-doute, combien l'indignacion jète loin d'elle-même une âme
honête et franche, Sara ne ſ'atendait
pas à ces terribles reproches !... Elle
était aſſiſe vers la croiſée, à-côté d'une
table-à-the ; ſa Mère était de l'autre :
J'étais debout devant elles : Je gardai
un moment de ſilence : mon âme ſe

1781 concentrait, pour s'échaper avec plus
de furie : ,, Voila donc, m'écriai-je
d'une voix alterée, cette Fille qui devait m'être atachée jusqu'au tombeau!
dont j'étais le conseil, le guide, le père,
l'apui! la voila! trois jours l'ont changée! en trois jours un Inconu lui a tourné la tête! elle en est folle; elle l'adore,
ét elle ne croit lui bién montrer sa ridicule passion, qu'en marquant à son
ancién Ami, la plus noire ingratitude!..
La voila, cette Fille, dont la fisionomie
anonçait la candeur...... Fille fausse!
qui n'as jamais dit un mot de verité,
je te conais enfin, mais pour te vouer
le plus parfait mépris,,!... Elle voulut parler. Je m'élançai vérs elle; je
levai la main.... Les Filles de l'ordre
de Sara ne conaissent pas la dignité de
leur sexe; cette fisionomie naturellement si noble, devint basse; Sara fit
un geste de fráyeur, ét poussa un petit
cri, ,, Ne me frapéz pas,,!.... Sa Mére
gardait le silence; mais elle s'élança
pour se mettre entre sa Fille ét moi.
Je m'arrêtai, et jetant sur cette Sara,
naguére adorée, le regard de l'indignacion: ,, Je m'abaisserais (repris-je), à
te traiter come tu le mérites: Reste
dans le mépris auquel je t'ai vouée,,.
Sara était inmobile ét pâle: point de

ces élans de l'Inocence, qui repouſſe
l'outrage ; elle demeura muette. Je
ſentis alors à quel point elle était vile :
j'en fus penetré ; mes larmes coulèrent:
„ Vous ai-je été chercher (dis-je avec
plüs de douceur) : Hêlas ! j'étais tranquile, dans un état de mort, il est vrai,
depuis mes derniers malheurs ; mais
j'étais tranquile : Vous venéz me trouver ; vous m'offréz une Amie charmante,
ét ſurtout ſenſible ! Je vous crois ; mon
âme avide d'aimer, ſe livre à vous avec
confiance ; elle ſ'atache ; elle est heureuse... oui, vous m'avéz rendu le plüs
heureux des Homes !..... mais était-ce
donc par rafinement de cruauté !.......
Hô ! je le crois, puiſque vous dechiréz
avec violence les liens qui atachaient
mon âme à la vôtre !... Il faut donc
ceſſer... de vous... voir ; de vous...
aimer... J'en mourrai ſans-doute !...
Malheureux que je ſuis ! tout ſe tourne
contre moi, juſqu'aux douceurs les plüs
efficaces de la vie ! L'amour, l'amitié,
la nature ont empoisoné la miénne !
Etre infortuné, jeté dans le monde pour
aimer, j'ai toujours mis mon bonheur
à l'être, ét je n'ai trouvé que des Ingrats !... Vous avéz raison, Sara, oui,
mademoiselle, vous avéz raison : Vous
auriéz été une excepcion pour moi ; je

1781 ne la merite pas; je dois être malheureux'
et vous devéz y contribuer... Adieu,,'

Je me retirais. La Mère me retint,
et fesant le bon Soldat, elle dona tort
à sa Fille- Mon cœur etait encore si
faible, pour cette Dernière, que je sentis que je l'adorais, en éprouvânt le plus
profond mepris. Je m'émerveillai de
ce fentiment inexplicable; s'il est poffible de fentir de la furprise dans le desefpoir!.. Mad. Debée-Leeman parla
mal de mon Rival; dit que j'étais préferable; traita d'indecente la conduite
de fa Fille avec lui en ma prefence;
enfin cette Femme fi emportée, qui fe-
fait trembler tout le monde, douce avec
moi, ne cherchait qu'à me calmer. Elle
n'y reüffit pas; j'étais bleffé au cœur.

J'avais compté fur le retour de Sara,
pour adoucir ma douleur: mais j'eus
une plüs mauvaise nuit que fi elle n'e-
tait pas revenue.

Sur le matin, à l'heure où j'étais fûr
que Sara ferait chéz elle, je desirai d'a-
voir un entretién. Je frapai legérement
fur le planchér, fans efperance qu'elle
daignât me repondre. Ce fut avec une
furprise mêlée de quelque joie, que j'entendis les neuf coups vivement frapés,
qui étaient pour me parler: Je defcen-
dis. ,, Un moment d'entretién, lui
dis-je,

dis-je, Mademoiselle : le permettéz-
vous,,? Elle me fit figne d'entrer. Nous
nous affimes : Fut-ce des reproches que
je lui fis? non : je lui exposai mes vües
à fon égard : elles étaient fondées fur
l'atachement le plüs fincére, ét fur le
desir le plüs ardent de lui être utile.
Elle en fut frapée : mais j'eús le chagrin de voir que c'était tout, ét qu'elle
n'en était pas touchée : même en fe ren-
dant aux raisons que je lui exposais,
fon âme reftait froide, quoique fon efprit parût convaincu. Nous demeurames d'acord de la conduite à tenir
enfemble, fans qu'elle eût changé une
feule de fes disposicions à l'égard de
mon Rival : je le vis ; non, je ne fus
pas avéugle au point de ne pas le voir,
et j'eús la faibleffe de ne pouvoir prendre affez de reffentiment pour me degajer : je vis Sara f'avilir jufqu'à fouffrir les fentimens d'un Home qu'elle
n'aimait plus ; à les fouffrir, dis-je, tandis qu'elle en aimait Un-autre ; ét je
n'eús pas le courage, je n'eús pas la de-
licateffe de briser ma chaîne! Je m'a-
musai, en veritable Enfant, à luter contre mon Rival par les petits moyéns.
Infenfé! ton plüs grand ennemi, c'était
Sara! c'était elle qu'il falait arracher de
ton cœur pusillanime!..... Je realisai

XII Partie.   Q q

dès le même jour, mes arrangemens avec cette dangereuse Creature. Je dînai enfuite avec elle ét fa Mère ; je m'atendris à table, en rapelant quelques-uns de mes anciéns malheurs, que les nouveaux me rendaient mille fois plus fenfibles, ét je vis des larmes couler des ïeux de Celle qui causait ma peine la plüs cruélle !... J'eſſäyai de profiter de fon atendriſſement, pour voir ſ il était poffible de regâgner fon cœur ! mais je decouvris dans fon air, ce froid de l'indifference, qui anonce que le cœur ne fent plus rién. Un fentiment nouveau m'affecte en ce moment : : Elle est indifferente (penfai-je) : mais quand elle était ſi vivement empreſſée ; quand le raviſſement était peint dans fes regards, elle m'aimait donc !.... J'ai été aimé, je l'ai été à quarantecinq ans !... He! que ne dois-je pas à Celle qui m'a tiré du nombre des Morts, où j'etais, pour me rapeler à la vie, à la jeuneſſe, à l'amour, à la jouiſſance !... Cette reflexion remplit mon cœur d'une tendreſſe inexprimable pour Sara : j'y fentis un élan de generosité : je fus prêt à lui dire : : ,,Hé-bién, ſ il le faut pour ton bonheur, aime Lamontette, fois-en aimée ; mais conferve-moi ton amitié... Oui, je fus prêt à tenir ce langaje. Mais je me rapelai en ce moment combién j'etais peu

capable de souffrir le partage du cœur 1781
de Sara.   Cependant, lorsque je la quitai, je me trouvai plus tranquile, que
je ne l'eusse été depuis ce que j'apelais
mon malheur : Je me sentis la tête plus
libre, et je fus capable de travailler.

A l'heure du souper, elle me frappa
come dans mes heureux jours.   J'acou-
rus avec un sentiment de joie que je ne
conaissais plus, depuis son infidelité !
„Chère Amie (lui dis-je en entrant),
quelle vertu ont donc cette baguette et
ce bruit, que je viens d'entendre ? Ce
n'etait qu'un son : mais je voyais ta
belle main qui fesait agir la baguette ;
ce son insignifiant par lui-même, etait
l'expression de ta volonte : Hâ ! Sara,
vous êtes pour moi l'âme et le charme
de la nature „ ! Elle sourit, d'une manière charmante : mais un soupir suivit
ce sourire. Je me jetai sur sa main.
„Tu es avec ton Père, ton Ami.
„ Malgré ce que vous m'avéz-dit !...
Non , non , je suis fausse. „ J'ai trop
d'interêt à te croire vraie , pour m'y
refuser ! Ma chère Sara ! dis-moi , non
que tu m'aimes ;... (ici 2 larmes s'écha-
pèrent de mes ïeux , et Sara pleura),
mais que tu m'as-aimé ! je borne-là toutes mes pretensions aujourdhui ? „ Je
l'ai-cru , me repondit-elle.

Q q 2

1781

Nous-nous mimes à table ; mon piéd chercha, come autrefois, à se poser sous le sién : elle s'y-prêta... Que je l'aimais en-ce-moment !... Je voyais l'instant où elle alait me rendre son cœur : peutêtre (pensai-je), est-elle mécontente de mon Rival ! peutêtre s'est-il montré sous un jour qui lui de-plaît ! Quel bonheur, si elle me rendait sa confiance !... Je me mis à ses ge-noux, après souper : (triste rôle pour un *Père!* ridicule pour un Home de mon âge)! Ce fut alors qu'elle m'a-voua qu'elle avait été furieuse contre moi la nuit precedente. ,, Je ne sau-rais exprimer qu'elle à été mon agita-cion (ajouta-t-elle) : un Père, un Ami, m'avoir traitée de la sorte ! Quand j'au-rais tort, n'ai-je donc plûs aucun droit à l'indulgence ,,! Elle pleura. Je tâchai de la calmer, en dementant toutes les verités que je lui avais dites. (Hélas ! ma bouche ne pouvait plus être d'acord avec mon cœur, depuis que je n'esti-mais plus, quoique j'aimasse encore)!

Je ne sais coment cela se fit ; mais il me vint alors une idée, d'obtenir de Sara la plûs grande faveur, celle à la-quelle je n'étais pas encore parvenu. Je voyais qu'elle m'échapait ; je voulus sans-doute la retenir par une sorte de

confideracion exterieure ; peutêtre vou-
lais-je-voir fi elle ferait une infidelité
de cette efpèce à mon Rival.   Elle refufa, mais faiblement. Je la preffai, je
la tourmentai, j'employai toutes les inftances, tous les moyéns... Enfin je
n'efperais plus, lorfque je m'avifai de
lui dire, que fi elle m'acordait cette faveur, ce ferait une affurance de notre
union future.   Elle parut hefiter, ét
foit un refte d'atachement, ou de honte
de me refufer, ou bién un effer de fa
facilite naturelle, j'eüs la furprife de
la voir confentir, aprés fon changement, à ce qu'elle n'avait pas fait dans
le temps de notre plus grande intimité.
Elle monta chéz moi...

J'aimais encore, fage Lecteur ; j'etais
dans l'égarement, dans la jaloufie, dans
la douleur de l'infidelite, de l'abandon ; pardonéz-moi une coupable conduite, que je n'expofe à vos ïeux, que
pour m'en-humilier, ét vous être utile !... Le crime porte fa peine avec lui ;
cette faveur, fi ardenment desirée,
tourna contre moi... ¶ Que je me
trouvai d'abord heureux ! j'oubliais
toutes mes peines... Sara était dans
mes bras... Au milieu de la nuit, dãs
un inftant de fomeil interrompu, je lui
preffai la main.   Elle s'éveille à demi :

1781 fa bouche-de-rose preffe la miénne...
Tranfporté d'amour, à cette faveur ina-
tendue, je m'écrie, ,,Mon adorable
Sara! ma Fille! mon Amie,,! Le fon
de ma voix me fit-reconaître. Elle foupira; elle me repouffa... Dieu! quel
horrible fentiment j'éprouvai, à cette
penfée desefperante: *Elle m'a pris pour
mon Rival* ,,! Je me levai; je m'habil-
lai: mon cœur dechiré pouffait aude-
hors des fanglots ét des larmes. Sara
n'en-fut-point-émue. Je vis, avec un
fentiment d'étonement ét d'horreur,
qu'elle s'était méprisablement donée:
ce qui m'avait paru la plûs-grande faveur, devint à mes iéux, en-ce-moment, le type de fa honte... Je la laiffai s'habiller. Enfuite venant auprès
d'elle, je lui dis avec une forte de fermeté: ,,Je vous aime encore; mais
je vous jure, qu'à dater de cet inftant, jamais je ne vous demanderai de faveurs:
Je croirais vous trop-avilir, en vous
obligeant à vous partager. Vous êtes
à Lamontette, je le vois; vous m'en avéz
doné une preuve irrecufable; je ne veux
rién avoir de comun avec lui... Hâ!
Sara!... ,,Je ne fais ce que vous vou-
léz-dire?.. Aurefte, vous feréz-bien de
ne me plus tourmenter; je m'y-refu-
aerais... Je fuis charmé que vous m'ai-

diez à être vertueuse »…. J'étais-outré, 1781
mais plûs contre moi, que contre Sara.
Je l'aimais encore, je l'adorais sans
l'eftimer !…. ¶ Je n'ai pas violé ma refolucion : mais la vue de Sara était encore le plûs grand de mes plaisirs :
J'en-jouis avec une forte d'avidité les
3 jours fuivans, furtout le dernier, qu'
elle fut-charmante. L'efperance d'ê-
tre biéntôt avec mon Rival était la
cause de fa gaîté ; je le vis, j'eûs la certitude, que je devais jufqu'à fes careffes, à fon inconftance «. Elle reprit,
non fon ancienne confiance, mais fon
ancienne familiarité : mon faible cœur,
averti par ma raison, était-quelquefois
tenté de la repouffer, il n'en-eût pas le
courage !…. ¶ Ce fut l'un de ces 3
jours, que je lui parlai de fon *Hiftoire*,
que j'avais trouvée dans fa bibliothè-
que. Au premier mot que j'en-dis, je
m'aperçus d'un certain trouble de mécontentement, que je fis difparaître,
en louant quelques details, particu-
liérement le recit du *malheur* de fa Sœur-
aînée, et la peinture touchante des regrets, qu'elle eût, en voyant fon cada-
vre : »Ces deux endroits (lui dis-je),
font pleins de force et d'énergie ; ils an-
noncent du talent». Je parvins ainfi à
diffiper fon mécontentement. Mais je

compris, qu'il ne falait pas lui avouer
que j'avais copié cette Histoire, toute
deguisée qu'elle m'avait paru. Elle m'a-
nonça son voyage du lendemain chéz
mon Rival, en me priant de ne point
m'en-affecter : Elle me jura qu'elle l'esti-
mait ; qu'il n'avait pas d'amour pour
elle ; qu'elle n'en avait point pour lui,
et que leur liaison était une conaissance
ordinaire. Je ne la crus pas : le baisér de la nuit me revenait à tout moment ; je le trouvais une preuve complette, et il l'était. ¶ Je començai,
dans ce temps-là même, à éprouver des
sentimens contradictoires ; je ne pouvais vivre sans voir Sara, que la raison
me disait de quiter ; je sentais qu'il le
falait : en sortant d'avec elle, j'en for-
mais la resolucion ; mais semblable à
Ceux qui promettent de pratiquer la so-
brieté, en quitant une bone table, et
qui violent leur propos, dés que l'ap-
pétit est revenu, je ne pouvais passer
une demi-journée sans desirer de voir
l'Enchanteresse : Mes conversacions
avec Sara que je n'estimais plus, avaiet
perdu leur charme : avide du plaisir
ravissant qu'elle m'avait-autrefois procuré, je croyais encore la retrouver,
quand je venais auprés d'elle : mais
trompé dans mon atente, à-peine la

voyais-je, que j'étais raffasié, ennuyé 1781
de fon entretien ; ét dans ces momens,
ma raison fortifiée, fe fesait entendre
par-deffus l'amour : ,, Je ne la verrai
plus.... (penfais-je); il le faut; je le ferai ,,. Une demi-journée s'était à peine
écoulée, que le befoin du fentiment
delicieux dont j'avais pris l'habitude,
fe fesait fentir encore : je regardait autour de moi : Si j'avais trouvé une Jeuneperfone aimable, auffi-jolie que Sara, plüs-honète, je me jetais dans fes
bras : mais tout me marquait, jufqu'à
cette Manon de chéz mon Graveur,
dont j'ai-dit un mot; elle me reçut mal ;
jufqu'aux Maîtreffes de Sara, dont je
vais parler dans un inftant : Après que
ma penfée f'était promenée fur mes
Conaiffances ; que j'avais inutilement
cherché, elle fe repliait; Sara f'offrait
à mon imaginacion, charmante, naive ;
je la desirais avec tranfport ; ,, Rién
ne l'égale ,, !.... m'écriais-je... Je la revoyais et ne la trouvais plus !. . J'étais
au-desefpoir.

Voila come mon cœur était agité,
dans un temps, où j'avais la plüs violente paffion, pour une Fille qui en
aimait Un-autre !... Un Jeune-home
a mille moyéns de confolacion ; je n'en
avais auqu'un : le Jeune-home peut

changer ; il peut trouver une Femme qui l'aime ét le dedomage : Un Quarantecinquenaire ne trouve que des mépris... C'est pour vous-feuls que j'ecris, ô mes Pareils en âge ét en paffions vives ! c'est brûlé du desir de vous être utile par ma fatale experience, que je vous fais ces recits ; que je vous devoile ma faibleffe, ma honte, ma turpitude : Que j'en meure de confusion, mais que je vous aye inftruits !...

Sara toute occupée de Lamontette, ne f'embarraffait guère de mes peines, qu'elle voyait, ét qui ne lui donaient que du degoût.

Elle partit le matin du mercredi, pour aler chéz mon Rival, ét revenir le lendemain foir. Je fus afféz tranquile le premier jour ; le fecond je m'efforçai de l'etre : ,, Hé ! quoi, me disais-je, n'est-ce pas un avantage que fon abfence ? Sa présence n'est-elle pas un efclavage ? Quel fuplice pour un Home de quarantecinq ans, que le rôle du Complaisant d'une Volage ! Il est clair, que dans le fond de fon cœur, elle croit encore me faire trop de grâce, que de fouffrir mes foins, mon devoûment. Ne faut-il pas être fou, à mon âge, avec ma barbe déja grise, pour aimer une Enfant, ét faire

dependre mon repos, ma felicité, d'une
Tête qui ne fait pas encore reflechir,
qui n'a d'autre règle que fon caprice?
Infenfé! vói donc ta folie! desire que
Sara te laiffe encore tranquile demain,
aprésdemain, toute ta vie!.... Beaux
raisonemens, qui ne produisaient rien!
à neuf heures et demie le bruit de tous
les caroffes me remuait les entrailles;
je volais à la croisée, ét je m'en reve-
nais trifte, lorfque la voiture paffee
m'avait ôté l'efpoir que c'etait celle qui
ramenait Sara.

Enfin elle arriva: ét plüs tendre, plüs
faible que jamais, mon cœur vola audevant de Celle qui me donait la mort!
Je tremblai audedans de moi-même:
car je prévoyais que Sara alait étre ferieuse ét trifte, come lorfqu'on a quité
Ce qu'on aimé. ,,Quel rôle je vais
faire auprés d'elle! celui d'un Barbon
dedaigné, qu'une Jeune-fille enchaine
ét tourmente! Hâ! je n'ai pas trouvé
ce que je desirais! une Amie tendre,
fenfible, autant qu'honête, qui aurait
fait la douceur du refte de mes jours!
C'était ce que Sara m'avait offert; elle
m'avait montré l'âme fenfible, exempte
de coquetterie qu'il falait à mon âge:
J'ai entrevu le fejour du bonheur, mais
je n'y fuis pas entré!... Infortuné! le

1781 fort me précipite, come un autre Œdi-
pe, dans les malheurs que voit ma raison, ét qu'elle ne faurait lui faire éviter!... Je fesais ces réflexions, en atendant que mon Rival f'en retournât:
elles étaient fi fortes, que je m'oubliai
quelque-temps après fon depart, fans
pouvoir defcendre. Enfin j'alai faluer
Sara ét fa Mère.

Je trouvai la Fille telle que je m'y
étais atendu : pour la Mère, elle paraiffait me voir avec plaisir. Dans un
entretién particuliér, que nous eûmes
enfemble, elle affecta de me parler avec
franchise : je dis qu'elle *affecta*, c'est
que Sara m'a depuis affuré, que fa pré-
tendue franchise n'avait d'autre but que
de me penetrer, ét de voir jufqu'où fes
interêts demandaient qu'elle me favo-
risât. Mais je reviéns à ce qu'elle me
dit. Elle me repeta tous les difcours
de mon Rival ; elle les envenimait peutêtre... Elle me parla enfuite de fa Fille;
mais je ne fais quel était fon but ; puifque ce qu'elle m'en aprit ne pouvait
que m'en detacher: Elle m'affura, qu'
elle lui avait dit, à l'occasion du nom
de *Fifille*, que lui donait mon Rival,
qu'il ne falait avoir qu'un *Pere*, ét qu'
elle n'avait qu'à voir Lequel elle préferait. „Je les garderai tous deux, avait
                                    repondu

repondu la peu delicate Sara. ,, Cela
est impossible. ,, En ce cas, je quite-
rai l'Autre ,, (moi)... Ce mot me fut
bién fensible ! ,, Quoi ! repondis-je,
elle me facrifie à une Conaiffance de
quinze jours ? ,, Vous le voyéz ! ét je
vous gaje, que fi je lui préfente demain
une Conaiffance nouvelle, vous la verréz quiter auffi facilement Celui qu'elle
vous préfère aujourdhui ,,. (Cela est
arrivé). ,, Quel caractère ,, ! (penfai-
je)... Je me defiai de la Mère : je me
crus bién fin, de voir qu'elle ne parlait
de la forte, que pour me montrer, qu'on
ne pouvait être l'Ami de fa Fille que
fous fa proteçcion. Une foule d'idées
fe préfentèrent alors : ,, Qu'a donc prétendu Sara, en me la fesant detefter ?
Quelle trame ourdiffait-elle ? Parlait-
elle d'après fon cœur ,, ?... Ce myftère
fe devoilera quelque jour... Mais j'é-
tais prés alors d'avoir des preuves de la
verité de tout ce que mad. Debéc-Lee-
man venait de me dire.

La froideur de Sara continua jufqu'au
lendemain foir, qu'elle reprit encore
fon ancién ton avec moi. Nous étions
amis le famedi, nous le fumes le Dimanche et le Lundi, à quelques petites inégalités prés. Le foir, mon Rival vint
rendre fa visite, ét favoir quel jour on

XII Partie. R r

1781 irait à fa campagne. La Mère f'en defendit : Sara, qui le defirait ardem-
ment, f'efforçait de la faire changer de
refolucion : mais la Mère, qui voyait
le but de l'Home, qu'elle n'avait recherché que par interêt, qui penetrait au
fond de fon âme par fes moindres difcours, ét qui fentait qu'il n'était, d'auqu'une manière, ce qu'il falait à elle ét
à fa Fille, tint ferme dans fon refus,
aumoins pour ce jour-là. Le mardi, Sara
fut gaie, jufqu'au foir, que la demande
de fon Amant pour la mener à la campagne, fut encore refufée. Elle ne put
y tenir : l'humeur la plüs marquée f'empara d'elle ; furieufe ou pleurante, ou
d'une aigreur infuportable, elle fit tout
ce qu'il falait pour me guerir. Quelle
trifte comparaifon avec ce qu'elle me
difait fix femaines auparavant, lorfqu'
elle fortait pour la promenade, ét que
j'alais la joindre ! ,,Venéz ! fauvéz-moi
quelques inftans d'ennui,,! Et lorfque
j'arrivais auprès d'elle : ,,Que je fuis
charmée de vous voir ! Tout mon chagrin fe diffipe, à votre arrivée ; je n'en
ai plus ; mo1 Papa, mon Soutién, mon
Guide, mon Apui le chaffe, ét l'empêche d'ofer fe montrer !... Que j'ai de
plaifir auprès de vous ! (ajoutait-elle
quelquefois) : Quel bonheur m'a pro-

curé notre liaison ,, !..... Hä ! quelle
âme engourdie ét feroce n'aurait pas été
touchée de ces fentimens honêtes ét de-
licats ! ét coment, coment un cœur auffi
fenfible que le mién ne fe fût-il pas livré tout-entiér ! ,, Le bonheur m'atendait fur mon retour, me difais-je fouvent, et c'est par l'amour, dont je n'a-
vais plus rién à efperer ; c'est l'amour
dont j'aî tant eû à me plaîndre, qui va
me le procurer enfin ! C'est que jamais
je n'aî conu de Femme qui valût ma
charmante Amie ,,. (Hélas ! je fuis
bién detrompé !....)

Le Mercredi matin, Sara fe montra
plüs chagrine que jamais : fon âme
était navrée de douleur, fon cœur gon-
flé d'indignacion contre fa Mere, ét
contre moi. Elle aurait voulu que j'ai-
daffe moi-même à determiner mad. Debée à fe rendre chéz mon Rival, à l'accueillir (ou plutôt c'était ce qu'elles
voulaient toutes-deux pour me conferver). A quel rôle indigne les Femmes
veulent nous reduire, lorfqu'une fois,
nous leur avons laiffé voir l'empire qu'
elles ont fur nous ! Dans l'aprèsdînée,
Sara me preffa d'employer mon credit
ét mes Amis, pour lui faire avoir de
l'ouvrage. ,, Je veux travailler, me disait-elle : je vivrai contente au fein de

1781 la mediocrité, de la misère même ; cher-
chéz-moi de l'ouvrage. Ces fentimens
étaient nobles, je ne pouvais que les
encourager ; auffi ne differai-je pas d'un
inftant ; je fortis, je m'empreffai ; je vantai les talens de Sara ; je m'honorais
d'avoir cette comiffion de fa part. On
accueillit ma demande ; toutes les Femmes, à qui je m'adreffai, f'intereffèrent
pour ma Pupile (c'est ainfi que je la
nomais). Je revins anoncer ces nouvelles à Sara ; elle en parut comblée :
mais le foir même, j'apris que le lendemain, elle devait aler chéz mon Rival. Je conçus que lui-feul était la
cause de fon ennui ; de fes refolucions
genereufes ; de la joie qu'elle avait montrée à mon retour. (Je vois clairement
aujourdhui, en imprimant, que tout
étoit feint, tout était joue !) Sara, ou
du moins fa Mére, était riche ; elle jouait
également la pauvreté, le goût du travail, la vertu, pour exciter ma gene-
rofité. ¶ Dans cette journée, il m'é-
tait venu par la pofte, une Lettre de
Delarbre, de ce Jeune-home amant de
Sara, à qui j'avais écrit le congé. Il
faut detailler ce trait de mon Hiftoire.

Durant le fecond voyage de Sara chéz
mon Rival, indigné contr'elle, fouffrant
le plus affreux des tourmens, celui de

la jalousie ét de l'indignacion, cherchant à me degajer, j'alai voir les Dlles
Ameï, les anciénnes Maîtreſſes de Sara,
dont l'Aînêe m'avait écrit ce Billet, quelques jours auparavant:

*Monſieur: J'ai l'honeur de vous prier
de vouloir bién, ſi cela ne vous derange
pas trop, prendre la peine de paſſer chéz
moi ; j'ai quelque chose à vous comuniquer. J'eſpère que vous voudriz bién
me faire ce plaiſir, ainſi que de me croire,
avec toute la conſideracion poſſible, M.*

Votre très-humble ſervante, Ameï.

J'avoue que mon motif, en me ren-
dant enfin à cette invitacion, était de
me plaindre de Sara, mais avec prudence ; de voir ce qu'on repondrait, ét
de ſaisir avidement tout ce qni pourrait contribuer à ma guerison. Je ſus
bién reçu. Je me plaignis en-general
du peu de fond à faire ſur l'atachement
des Amis ét des Amies. Je nomai enſuite Sara, mais en començant un autre
diſcours. Les deux Filles ſe regardè-
rent... elles ne dirent que du bién de
leur anciénne Eléve. Pour la Mère, elles
ne la menagèrent pas. J'écoutai ceci d'
un air d'indifference : j'en ſavais aſſez au
ſujèt de mad. Debée-Leeman ; c'était
de la Fille que je voulais entendre des
choses qui achevaſſent, ou plutôt, qui

començaſſent de me guerir.... Infortuné, qui ne ſavais pas encore à mon
âge, que la guerison par le mépris, quand
on a veritablement aimé, est la plüs
cruëlle de toutes !... On ne me dit rién,
peutêtre me craignait-on ; peutêtre,
plüs éclairées que je ne le penſais alors,
ces Filles redoutaient-elles ma pusillanime tendreſſe !... Elles ne me dirent
rién !... Desolé de l'inutilité de ma
demarche, je me rappelai Delarbre :
Je resolus de lui écrire, pour tirer adroitement de lui, s'il avait eú quelque ſu-
jët de mecontentement..... Qu'on ait
toujours en vuë que je ne voulais que
me guerir !... Ma Lettre ſut efficace:
Il me fit une Reponſe, que je reçus le
20 juin, ou plutôt ce ſut Sara. Elle
reconut l'écriture, ét ſe propoſa de ne
pas me rendre la Lettre, qu'elle aporta
cependant elle-même chéz moi. Sa
Mére la ſuivait, ſans-douté par curiosité. La crainte l'obligea de me dire,
en l'entendant monter : ,, J'ai une Lettre pour vous : parléz-en : je vous inſ-
truirai aprés ,,. La Mére de Sara ne
m'en ãyant rien dit, je gardai le ſi'ence,
ét dés qu'elle ſut partie, on me montra
la Lettre, en me disant, qu'on voulait
la lire avant moi. Je m'y oppoſai, malgré ma faibleſſe : cependant, je con-

vins, que fi c'était de mon Rival, ou d'une autre Perfone que je nomai, je confentirais, après la fignature vue, que Sara la lût avant moi. Je vis la fignature : c'était celle de Delarbre : malgré les inftances de Sara, malgré fes efforts, je m'en emparai : elle tenait la moitié de la Lettre, je tenais l'autre ; il était trop important pour moi, qu'elle ne vît pas que j'avais écrit, pour la lui laiffer lire ; un effort adroit m'en mit en poffeffion. Sara fe retira furlechamp furieufe. M'apercevant au fouligné, que la Reponfe n'était qu'un comentaire gauche de ma Lettre, et que ce Jeune-home était encore amoureux je pris un parti ; ce fut de courir après Sara, de lui lire les quatre dernières lignes, qui lui étaient avantageufes, et de déchirer la Lettre en mille morceaux, pour la tranquilifer. Je fis tout cela fi adroitement, que je fauvai trois Lettres incluses, que le Jeune home m'envoyait, et qui n'étaient pas moins tendres que celles que Sara m'avait adreffées, dans le temps de mon intimité. Les voici : 1er Billet de Sara, à Delarbre, au cráyon.

Si le nom de Debée t'eft fi chèr, je veux le doner mille-fois pour celui de Delarbre : mais uniffons Delarbre & Debée pour toute la vie. Non, mon

1781 chèr *Delarbre*, *je ne violerai jamais le
serment que je te fais en ce moment,
d'atendre le derniér soupir en t'aimant:
je te suis atachée; rién ne poura me separer de toi.* Notre sort est à jamais-
uni ; à jamais le même ; il ne fera qu'un
de nous deux. J'en repète le serment:
Je suis à *Delarbre* pour toute ma vie.

Sara-Debée.

2d. Billet de la Même, au Même.

Há ! qu'un cœur est à plaindre, lorsqu'il aime sincèrement, & qu'il est éloigné de l'Objet de sa tendresse ! Oue je
te plains, *Delarbre*, si tu as souffert la
centième partie de ce que j'éprouve, depuis ton absence ! Mais hêlas ! ce ne
sont encore-là que des roses ! Tu parti-
ras un-jour ; je serai des semaines, des
mois, sans te voir : que deviendrai-je,
puisqu'un jour, un seul jour fait couler
mes larmes ! Mais souviéns-toi, *Delarbre*, une-fois pour toutes, que s'il
faut nous separer, le cœur de ta *Debée*,
de ta *Femme*, partira avec toi.... Há!
je maudis l'amour mille-fois par jour!
pourquoi faut-il que j'aye-aimé, pour
être separée si promptement & pour si
longtemps, du seul *Home* qui ait encore
touché mon cœur ! Oui, je repèterai
sans cesse, ce mot, que tu as tant chanté
sur ta guittare :

Qu'on est heureux !
Quand on est deux !

3me Billet de la Même, au Même.

1781

J'ai apris hiér, mon Bon-ami, une fort-mauvaise nouvelle! On m'a parlé d'un nouveau Parti (*): Mais tu peux être perfuadé, que quand ce ferait un Mylord, je te préférerais toujours: Ainfi compte fur l'amitié que j'ai pour toi: J'oublie tous mes malheurs, dès que je fonge & que je parviéns à me perfuader que nous ferons un-jour reünis, & que nos deux cœurs font faits l'un pour l'autre. Au bonheur de te voir.

P.-f. J'ai paffé tout le refte de ma journée à gémir, & à foupirer d'être éloignée de toi! Je ne fais abfolument coment je pourrais faire, f'il falait que nous fuffions feparés pour toujours, puifqu'il eft vrai, qu'une heure fans te voir, me paraît être deux fiècles-&-demi. Hé! que je fens bién actuellement, ce que tu me difais, il y a quelques femaines, qu'un jour paffé loin de ce qu'on aime, eft une éternité!... Je crois qu'il en eft de même de toi, mon Bon-ami: Oui, f'il était poffible d'ouvrir mon cœur, on y refpirerait la joie que j'éprouve, d'avoir trouvé un Amant digne de l'amour que j'ai pour lui: Mais en-même-temps, hélas! on y verrait le chagrin & le defefpoir, que je ne fuis pas maîtreffe de reprimer, quand il eft éloigné de moi. La feule chofe, mon Bon-ami, que j'aie a defirer, c'eft que ton amour dure auffi longtemps, que le mién eft grand, conftant, fidéle: mon honheur ferait parfait.

Ta Bone-amie S-Deble.

(*) Il eft ici queftion de M. Legrainier, qu'on voulait fubftituer au Monfieur du *Palais-royal*.

1781   Combien donc dura-t-il, cet amour,
si conftant, fi fidèle !..............
Quinze jours au-plûs aprés le depart de
cet Amant cheri. Il fut quinze jours,
fans qu'on reçût de fes Lettres, de plus
de cent lieues ; et avant le quinzième,
on était piquée ; il était haï. Il ne pouvait le croire : Car aprés plusieurs Lettres à la Mère de Sara, il fe fit apuyer par
fon Père ; il écrivit luimême à fa conftante et fidèle Amante, la Lettre que j'ai
raportée, et qui fut fi mal reçue....
(Quelle était la raison de la conduite
de Mad. Debée ? (car pour celle de fa
Fille, elle n'était occafionée que par fon
incõftance naturelle) : Les motifs de la
Mère étaient, qu'elle ne voulait pas marier fa Fille, dont un Mari ferait le maître, qu'elle n'en eût tiré le profit des
foins et des depenfes qu'elles avait faites pour elle depuis fon enfance).

  Ces 3 Lettres fi naturelles, où l'on
voit tant de verité, me prouvèrent que
Sara ne tenait guére aux engajemens les
plûs-forts, et cette reflexion me confirma dans la dangereuse erreur que j'a-
vais été aimé. Avec quelle rapidité
elle oublia ce pauvre Delarbre ! come
l'oubli fut entier, abfolu ! quelle indi-
ference ! mille-fois je m'en fuis fait doner des preuves, qui furent toujours

complettes, (mais je n'avais pas encore
lu les trois tendres Billets ; j'aurais été
indigné.   ¶ On se rapele que dans les
comencemens de notre conaissance , j'a-
vais été chargé par sa Mére , de remercier Delarbré , et que j'avais-eû la dé-
licatesse de ne rien écrire , que je n'eus-
se-consulté la Jeunepersone , croyant ,
d'après les discours de la Mére , que
Sara était encore atachée : ,, Hâ ! vous
pouvéz-écrire (m'avait-elle-repondu) :
je ne l'ai-jamais-aimé.   Moi, aimer un
Jeune-home !   (En-effet , cela aurait
été contre nature) : je n'aime que des
Homes meûris par l'âge , devenus sûrs
par l'experience ,,.... Et je le crus, pauvre Insensé ! je le crus ! A quoi nous ser-
vent donc l'âge ét la raison !) Enfin je
le vois aujourdhui , mais trop-tard .
Sara était la finesse même , plûs fine
que sa Mére, qui l'est beaucoup ! Lorsque je la croyais naïve, sincére, elle
n'était que rusée... Toutes-deux voyant
un Home isolé , elles jetérent un' dé-
volu sur sa depouille ; la Fille ne fut
pas farouche ; elle employa les agace-
ries les plûs-efficaces ; elle abusa de la
modestie que le Ciel a mise sur son visage : plûs-dangereuse mille-fois que sa
Mére, elle cachait le vice sous la fysiono-
mie noble ét imposante de la vertu...

1781 Tremble, Ingrate! je puis te perdre
d'un mot! tremble que je ne tire le
voile, et que je ne montre aux ieux
de mon Rival, la hideuse, l'horrible
verité!... Tu as-menti l'amour, je m'en
doutais: depuis que tu le préfères; tu...
lui as-été infidelle!... O Perfide! et je
ne te hais pas encore!... Mais je ne
t'eſtime plus; mon amour n'a plus de
base; il va s'anéantir... (Et j'étais encore ici un infenſé! Je devais aimer Sara!)... Je reviéns à Delarbre.

L'impreſſion qu'il avait faite sur la
Perfide était profonde; on l'a-vu par
ſes Lettres: Mais outre qu'elle lui avait
tout acordé, je trouvai des preuves de
ſa paſſion au-bas de quelques char-
ſons, où l'Infidelle, encore fenſible
pour ce Jeune-home, exprimait ſes regrets: *Séparacion cruelle, le·· juin* 1779:
Ailleurs: *Il n'eſt plus ici, ce cher Amant!*
Mille-fois je l'avais-entendue chanter
atendrie, ſur ſa guittare, la romance,
O ma tendre musette! qu'elle tenait de
cet Amant, qu'elle n'avait jamais aimé!.... Tourmenté par la douleur qu'
elle me causait, j'ai cherché à me guérir, à m'éclairer: j'ai-eú des lumières...
cruelles! Quelle jeuneſſe! l'inconſé-
quence, l'étourderie, la corrupcion...
Dieu! tout-puiſſant! mon Amie, ma
tendre

1781

tendre ét vertueuse Amie d'il-y-a un mois, ferait-elle un Monftre?... Non, je ne veux pas achever de m'éclairer... Mére barbare, ne me decrie plûs ta Fille! Monftres, quî m'environéz, ne mé montréz plûs la fatale ét trifte lumiére, qui jaillit de l'infernale envie de mal-faire qui vous poffede! Monftres, ne m'éclairéz pas! laifféz-moi!, que j'ignore les horreurs que vous voulez me faire entrevoir!... Hâ! Sara! ô ma Fille! pourquoi m'as-tu-forcé de chercher à me guerir!... Où en-fuis-je? A la Lettre, je crois.

J'étais defcendu porter chéz Sara les morceaux de la Lettre dechirée : je lui repetaï les dernières lignes que j'avais-lues : le peu-de-temps que j'avais-mis à la fuivre, lui prouva que je n'en-avais-pas-vu davantage : Je lui fis auffi reconaître les morceaux : ce qui la tranquilisa. Mais j'obfervai deux choses ; fon extrème frayeur que je ne luffe cette Lettre, qui ne m'eût rién apris que je ne fuffe, ét le myftére reel, non feint, qu'elle en fesait à fa Mére. Quant à fa crainte que je ne gardaffe la Lettre, j'ai-penfé depuis, qu'elle préfumait que je l'aurais montrée à mon Rival, ét que, s'il n'y avait-eû que moi, elle aurait peu redouté les aveux du bon

XII Partie. S s

1781 Delarbre ! A l'égard du myſtère fait à ſa Mère , il paraît que cette Dernière ignorait les faveurs acordées par ſa Fille à un Jeunehome ; cela n'entre pas dans le plan de ces ſortes de Femmes.

Le lendemain-jeudi , on partit dans la matinée , pour aler chéz Lamontette. Il n'en était pas prévenu ; loin de-là ! (come on va le voir) ; la Mère de Sara lui avait fait écrire par ſa Fille , une Lettre fort-ſèche : Celle-ci , bien ſûre que ſa Mère ne ſavait pas lire , aurait pu tourner la Lettre à ſa guiſe : mais elles eût ſes raiſons , aparemment , pour l'écrire telle qu'on la lui dictait. (Que de reſſorts les Intriguantes ſavent faire-jouer ! ô Femmes ! vous êtes nos maîtreſſes en fourberie ! qui peut luter contre vous !) Sara voulait ſans-doute exciter , plûs adroitement qu'avec moi , la haine de Lamontette contre ſa Mère , ou elle voulait s'en-faire-deſirer davantage ; ou elle cherchait à faire la Fille innocente et timide , contrainte ; ou enfin rién de tout-cela , elle voulait peutêtre le punir de quelque-manque de conſideracion ; car j'ai-ſu depuis qu'il s'en permettait quelquefois. Il dut-être fort-ſurpris de les voir ! Il aſſure aujourdhui qu'il n'a jamais aimé Sara ; cependant il reçut les 2 Femmes avec

tranſport.... Pauvres Finots, que les 178r
Hommes ! quand on les a-quités, ils
diſent qu'ils n'aimaient pas : mais leurs
fureurs, leur haîne, leur jalouſie, prou-
vent, en dépit d'eux, combien ils
étaient atachés ! ¶ En arrivant, Sara
lui dit : ,, C'eſt à Mr-Nicolas que je
dois le bonheur de vous voir : il a engajé ma Mère à partir. ,, Il eſt vrai (ap-
puya Celle-ci). ,, Bon, bon, Fiſille !
Hâ ! c'eſt un bon-enfant, que ce pauvre Mr-Nicolas ! ¶ Sara ne mentait
point ici : j'avais paru charmé du voyage ; j'avais même raſſuré ſur le temps
incertain : La Mère, enchantée de ma
reſignacion aparente, m'avait dit, tandis que ſa Fille s'habillait : ,, Je viéns
de faire la leçon à Mademoiſelle : Point
de particuliér ; je l'ai defendu : on ne
fortira qu'avec moi : on ſera toujours
ſous mes iéux : ſi je reſte, on reſtera ;
ou je parlerai come il conviént. Je ne
veux plus de ce que j'ai-vu durant mes
autres voyages ; des maniéres niaiſes ;
des *Pépé*, des *Fiſille* ? Que ſignifie
tout-cela ? La dernière-fois, on fesait
le chocolat en-haut, à côté de Monſieur : j'ai tout fait defendre dans la
pièce où j'étais, ét je l'ai fait-faire devant moi. Je ne couche pas. Je reviéns ce ſoir : atendez-nous. ,, Sûr,

1781 Madame? ,, Très-sûr : je la raméne
ce soir. ,, C'est mon avis aumoins,,.
Ces disposicions de la rusée Matoise
avaient adouci ma douleur, ét je la-
vais-pressée moi-même de profiter d'un
instant de beau-temps.

Après le depart de la Mére ét de la
Fille, je me mis à écrire la suite de
ce Recit, que j'ai-fidèlement-tracé jour
par jour : ce que j'y-ai-depuis-ajouté,
se reduit aux causes des évènemens,
alors ignorées, pour la plûpart. Cette
ocupacion dangereuse, il faut en-avertir, puisqu'elle tenait mon esprit toujours ocupé du même Objet, paraissait
m'amuser ét me distraire ; mais je le
repète, elle est dangereuse. J'avais
encore une autre manie : je me sentais
depuis quelques années un goût decidé
pour me promener sur l'*Ille-Saintlouis*;
avant même de conaître Sara, j'y-gra-
vais sur la pierre, les dates des princi-
paux évènemens de ma vie : L'année
suivante, au même jour, je les revoyais:
alors, transporté d'une sorte d'ivresse,
d'exister encore, je les baisais, ét je
les retraçais de nouveau, ajoutant *bis*
ou *ter* : Quand je conus Sara, mes dates devinrent journalières ; j'alais soupirer sur mon *Ile* cherie, j'y-écrivais chaque évènement en-abregé, la situacion

gaie, ou douloureuse de mon âme lorsque je fus malheureux : C'est ainsi
que, sans le savoir, je prolongeais mon
atachement pour Sara, en entretenant
ma sensibilité. Que tout-cela serve aux
Autres ; car pour moi, je ne me nouris
plus que de douleur !... Tandis que j'é-
crivais ce Recit, l'on me remit une Lettre, à l'adresse de *Madame Debée-Leeman*,
rue de-Bièvre, où nous demeurions tous
ensemble. Je la reçus, bien-tenté de
rendre à la Mère de Sara, ce qu'elle
m'avait-fait tant de fois, à l'aide de
son Florimond : elle lui fesait decacheter toutes les Lettres pour moi, ét
il les lui lisait, avant que de me les
remettre. C'était de Sara que j'avais
apris ce trait : Ce n'était alors qu'une
indomptable curiosité ; car nous n'é-
tions pas encore liés. (On voit que
Sara n'avait-pas-menagé sa Mère !) Je
resistai ; mais je vis cette Lettre, come je vais dire. ¶ Mon Infidelle ét
Mad. Debée revinrent le soir, suivant
la promesse de la Dernière. Sara parut de l'humeur la plûs-aigre, sans-
doute, parcequ'elle avait été forcée de
revenir le jour-même. Je ne la saluai
qu'en passant, de cet air affligé, pres-
que-niais, qui éloigne encore d'avantage de l'Amant qu'on a-quité : La

1781 comparaison qui se fait naturellement alors de sa triste timidité, de son air larmoyant, à la gaîté, à l'enjoûment, aux vives sallies d'un Rival heureux, le fait paraître aussi ridicule qu'haissable. Je descendis vèrs la Mère avec empressemeut : on s'atache où l'on peut, quand on se noie.... ét je lui remis la Lettre. Elle me pria de la lire : Je le desirais : elle était en-effet de mon Rival, ét pour Sara.

21 Juin 1781.

Si Pépé avait atendu d'autres Persones à la campagne que Fifille & Mad. sa Mère, il n'aurait pas pu se persuader que le Billet qu'il viént de recevoir fût de ces Dames. Après avoir. flaté un Galant-home de lui faire l'honeur de venir chéz lui, lui écrire de cette manière, hâ! Fifille, cela n'est pas bién! Surement Mad. votre Mère vous gronderait d'avoir-écrit si-leftement. Mais Pépé est-plûs-fâché de ne pas voir ces Dames, qu'il n'est-offensé du style, auquel cependant il n'est point accoutumé dans la Société. - Il n'en-est pas moins le partisan de ces Dames, & ses sentimens sont si-honêtes ét si-purs, qu'ils n'offenseront jamait Persone. Fifille est, ét sera toujours chère à son Papa, à-moins qu'elle ne deviénne dif-

1781

ferente de ce qu'elle eft, c'eft-à-dire l'én-
nemie de fon Papa, qui la cherit ét la
refpecte autant qu'elle merite de l'être.
Il fe flatte que ces Dames le dedomage-
ront de la privacion qu'elles lui font
éprouver, demain. Cette efperance feule
peut le confoler de l'indifference du Billet qu'il reçoit.

Il affure ces Dames de fon refpect ét
de fon devouement. *fans fignature.*

La Mére de Sara parut bleffée de l'a-
nonyme de cette Lettre. Elle f'emporta contre Delamontette, qu'elle traita d'incivil; ét le lendemain, en pre-
sence de fa Fille, elle ala plus loin encore: mais j'ai lieu de croire que cette
colère était feinte. Je me donai alors
un tort impardonable: je m'emportai
une feconde-fois contre Sara, devant fa
Mére, ét je lui reprochai durement tout
ce qu'elle avait fait pour m'atacher.
Elle garda le filence; elle n'avait pas
encore l'effronterie des Filles de fa forte, ét mon cœur fut touché de fa pacience, toute forcée qu'elle était. Mon
emportement avait été fort loin! je remontai, refolu de ne la plus voir. A
midi, je trouvai cette Lettre:

Monfieur: fi, come vous l'avéz dit,
vous étes à-même de me deshonorer, je
vous le permets. Cependant, je ne fais

1781 à quoi cela nous conduirait l'Un ét l'Autre ; à vous decrier vous-même ; ét moi,
à croire que reellement vous me vouléz
du mal. Votre conduite, en ce cas, me
surprendrait, autant que les discours que
vous avéz tenus ce matin. Vous avéz
dit que j'étais fausse, que je n'avais que
de fausses vertus ; que j'avais menti à
votre égard l'estime ét l'atachement, pour
vous tromper ensuite de la manière la
plus cruëlle, en m'atachant aubout de
trois jours à un Nouveau-venu : Vous
m'avéz fait ces reproches avec l'emportement de la fureur : Hâ ! cela m'a surprise, ét devait bién me surprendre, de
la part d'un Home qui m'a tant de fois
juré de m'aimer pour moi-même : —Je
voudrais conaître, m'avéz-vous dit cent-
fois, un Home qui vous rendît plus heureuse que moi ; j'irais vous le chercher-!
Voila votre langaje : aujourdhui, c'est
la jalousie ét l'emportement. Aléz, Monsieur, malgré que vous ayiéz dit que je
suis fausse, je ne l'ai pas encore été au
point de dire du mal de vous ; je n'ai dit
que du bién, ét ne parlerai jamais autrement. Si le mepris s'empare de votre
cœur (come vous l'avéz dit), ét y tiént
la place de l'estime que vous m'avéz tant
de fois jurée, ce n'est pas que je sois
changée, c'est que j'ai ouvert les ieux

ſur un autre merite, ét que j'ai rendu
juſtice à *Un-autre,* come je vous l'avais
rendue.   Je penſe du bién de vous, ét
j'en dirai toujours.   J'ai l'honeur d'être,
          Monſieur,   *Sara-Debee.*

    1781

  Cette Lettre ſut cauſe que j'alai chez
l'Infidelle, qui croyait ſans-doute ſ'être
juſtifiée.   Nous eûmes une explicacion
violente, qui ne ſit que me confirmer
dans la certitude, qu'il n'y avait plus
rién pour moi dans ſon cœur.   Mais
telle ſut ma faibleſſe, que j'offris une
ſorte de reconciliacion, qui ſut accep-
tée come par grâce.   Sara prit ſur elle
de me tromper encore.

  Florimond était abſent :   quelques
jours avant la conaiſſance de mon Rival, il avait eú affaire dans ſa Patrie,
ét il y terminait ſes affaires.   Ainſi les
deux Femmes avaient toujours été ſeu-
les chez Lamontette.   Florimond, cet
ancién Ami de la Mére, qu'elle avait
ruiné ; qu'elle avait enſuite, come une
autre *Circé,* avili, degradé à la condicion de domeſtiq.   Florimond revint
enfin.   Je le revis avec plaiſir, quoique
Sara, qui lui rend juſtice dans ſon *Hiſtoire,* m'en eût toujours parlé mal de
bouche.   Je le ſondai.   Il ne me parut
pas diſposé en faveur de Lamontette :
(biéntôt il ſera la cauſe d'une recon-

 ciliacion). Il blâma fans menagement la conduite de mad. Debée, qui avait elle-même mené fa Fille chez un Gar-fon, qui l'y avait laiffée feule, etc. il lui fit envisager les confequences que pouvait avoir cette conduite. Il effraya cette Femme : pour la Fille, elle etait *ineffrayable.* Le lendemain de fon ar-rivée, nous alames tous quatre à *Saint-denis,* où Florimond avait laiffé fes mal-les Je fis volontiers cette partie, pour être en voiture à-côté de Sara, qui pre-nait toujours le devant. Elle fut très-enjouée avant le depart, et je fus fi con-tent d'elle, que je lui fis préfent d'un bijou en brillans, qui augmenta fa gaîté. Nous étions près de partir, quand il paffa devant nous, la Jolie-perfone qui fait un fi beau rôle dans *la Filosofie des Maris* (Mlle *Victoire Londo*); elle fut la Muse qui infpira l'Auteur : Je foupi-rai, en penfant: ,, Fille auffi belle que Sara, mais plûs honête ! hâ ! fi je vous avais conue aulieu d'elle ,,!... Cette i-dée repãdit un nuage fur ma fifionomie. Sara f'en aperçut, et me dit bonement, ,, Qu'as-tu, l'Ami ,,? Ce mot, le fon d'une voix agreable et cherie me ren-dit à la Syrène. Nous partimes.

En route, je tenais la main de Sara. Elle me l'abandonait... elle me l'aban-

donait, mais elle ne me la donait pas...
Cependant je me fesais illusion : je riais
avec elle, je causais ; je fesais des re-
marques sur les Villages repandus dans
la plaine, à qui je donais le nom des
principales Villes de nos Provinces.
Sara paraissait contente. A notre arrivée, je la vis empressée à faire charger
les malles. Bon, sans defiance, je n'y
entendais pas finesse : mais il était de
l'interêt de Mad. Debée d'empoisoner
tous mes plaisirs. Je fis servir un ra-
fraîchissement : Sara prit un air couvert. Cela me surprit ! elle aime la pâ-
tisserie. Rién n'était bon ; elle rebutait
tout ; elle demandait à...partir. „Vous
ne voyéz pas, me dit tout-bas la Mere,
qu'elle atend Delamontette ce soir ?
Mais il ne tiendra qu'à vous qu'elle ne
le voye pas : amusons-nous ; alons voir
le Tresor, les environs de *Saintdenis.*
„Non, Madame, repondis-je : mon
âme est trop genereuse pour jouir de
sa peine. Partons, alons-nous-en, et
qu'elle le voye „. Mad. Debée me
regarda d'un air de persifflage et de com-
passion : „Pauvre Home ! vous con-
duiriéz une Jeune-fille, vous ! hâ ! elles
vous meneront par le bec, et se moque-
ront de vous. Combién Delamontette
ne s'est-il pas amusé sur votre compte,

1781 lorſqu'en arrivant chéz lui, nous lui diſions que vous nous aviéz preſſées de partir! Il en feſait des gorges-chaudes!.. Vous ne conaiſſéz pas notre Sexe! (Elle avait raiſon, Lecteur, cette Femme mépriſable ; ce n'eſt point une bête, elle a de l'eſprit, et elle m'a ſouvent étoné!) Il faut le mener, quand on ne veut pas qu'il mène. Je vous parle vrai ; vous m'intereſſez : au-fond je vois que vous êtes un excellent cœur ; je vous adorerais, moi, à la place de ma Fille : mais Ça n'a pas encore le caractère formé. Le préſent d'aujourdhui, ſi mal reconnu, m'indigne contr'elle, et me fait vous plaindre ; vous meritiéz mieux que ma Fille. ,, Elle n'en a que la moitié, Madame ; j'ai juré de ne doner l'autre, qui eſt la plûs précieuſe, qu'à la Femme dont je ſerai ſûr. ,, Pauvre Home! ce ne ſera pas une Jeune-fille. Une Femme de mon âge encore belle, ſenſée, raiſonable, voila ce qu'il vous ſaudrait. ,, J'adore Sara,.. malgré moi : elle m'a offert un bonheur auquel je ne penſais plus ; elle me l'a fait goûter... ,, Hô! elle eſt incapable de ſe contraindre! ſi elle vous a dit qu'elle vous aimait, elle vous aimait ,,. Cet entretien, ſe tenait à la vue de Sara, qui ne pouvait nous entendre ; il

parut

parut l'inquieter. Je ramenai fa Mère 1781
du côté des voitures. ,, Partons (lui
dis-je). ,, Oui, partons : mais c'est
une generosité perdue... Monfieur-
Nicolas ! que n'avéz-vous affaire à moi !
je vous repondrais de votre bonheur.
,, J'adore Sara. ,, Soyéz donc malheureux ; une Jeune-fille ne fut jamais apre-
cier un cœur tel que le vôtre ,,.

Au retour, je tâchai de paraître gai.
Mon Rival vint effectivement : il n'eût
pas même le desagrement d'atendre,
tant j'avais acourci la promenade. La
Mère, furtout Sara, l'accueillirent.....

Le furlendemain, Sara me dit, qu'
elle irait avec fa Mère ét Florimond
dejeûner aux *Tuileries*, ét dela au *Tem-
ple*, pour affaire : elle me quita le matin du depart, avec un air d'amitie, en
me disant qu'elle ferait de retour de
bone-heure. Je fus tranquile. On ne
rentra qu'à minuit. Je me doutai d'un
menfonge, d'acord avec fa Mère : car
le matin, j'avais vu prendre la route
de la maison-de-campagne de mon Rival : mais j'en eûs la certitude le foir,
par l'heure à laquelle on arriva. ,, Que
les Gens riches font heureux ! me dit
l'Infidelle ; ils reftent à la campagne
tant qu'ils veulent, aulieu que les Autres font obligés de la quiter à-l'infrant

XII Partie.   T t

où ils comencent à s'y amuser „! Je devinai par ce difcours, tout ce que la Maladroite voulait me cacher. Auffi me comportai-je en conféquence le lendemain Dimanche.

On fait que Sara était dans l'usage de me fraper, pour me dire bonjour ou bonfoir, ou pour m'avertir, lorfqu'elle avait quelque chose à me comuniquer. Il m'était quelquefois arrivé de ne pas lui repondre, par des raisons bones fans-doute, qui m'avaiént porté à chercher à rompre ; ét je me rapelle qu'un foir, avant la conaiffance de Lamontette, un propos trop libre de la part de Sara m'ayant revolté, j'avais resolu faiblement de me retirer : le lendemain-matin, je ne repondis pas à fon bonjour : Elle m'aimait alors : elle feignit de f'occuper fur l'efcalier, jufqu'à ce que je paruffe ; ét alors, de l'air le plüs tendre ét le plüs enchanteur, elle me fit moins des reproches, qu'elle ne me temoigna fon inquietude pour ma fanté. Je ne pus tenir à cette marque de tendreffe ; je me rengajai plüs fortement que jamais. Le Dimanche matin où j'en fuis, Sara frapa. Je ne repondis pas dabord : elle ne fe rebuta pas. Je fentis qu'il ne falait point avoir l'air de bouder en Enfant ; je frapai à

mon tour, faiblement, à chaque fois
que Sara m'honora de son atenſion,
mais ſans jamais deſcendre. Je ne la
vis qu'à-l'inſtant du dîner. Je la ſaluai
en riant, ét je paſſai ſans m'arrêter.

Le ſoir, nous ſoupames enſemble,
ſuivant notre usage, même dans nos
plûs grands refroidiſſemens, ét elle me
réprocha ma conduite avec un ton d'aigreur, auquel je ne repondis que par
des douceurs ét des excuses.

Mais l'orage ſe formait inſenſiblement. Plûs Sara me marquait de froideur, plûs je devenais jaloux ét furieux
contre mon Rival. Cependant le len-
demain-Lundi, nous nous parlames a-
vec amitié. J'avais deja obſervé que
toutes les fois que Sara devait voîr Delamontette, elle était plûs enjouée a-
véc moi. Le ſoir, arriva cet Home que
je haïſſais avec tant de violence.... hêlas! pourquoi? Parcequ'il était aimé
de mon Infidelle, ét qu'il en profitait!
... N'aurais-je pas dû plütôt le plaindre! Un-jour viéndra, où, s'il n'est
pas plûs ſage que moi, il gémira ſûrement à ſon tour d'une infidelité, qui
peutêtre le mettra au-deseſpoir. ... Je
devins furieux, en l'entendant entrer;
le ſon de ſa voix me fit faire un bond,
ét la rage de la jalouſie s'empara de mō

1781 âme. Je montais ; je defcendais ; je
fermais les portes avec fracas ; je jurais ;
je menaçais ; j'étais hors de moi enfin.
Florimond fe rencontra devant moi.
Jufqu'à ce moment, j'avais été difcret
avec lui : je ne pus me contenir davantage ; je lui parlai ; je me plaignis ; je
m'emportai contre mon Rival , contre
la Mère de Sara , contre Sara furtout !
je les traitai toutes deux fans menagement, ét dans ma rage, j'alai jufqu'à
menacer mon Rival. Florimond m'é-
couta paisiblement : Un inftant après,
je le fupliai de me faire une quittance
pour 2 termes de mon logement, un qui
finiffait, l'autre qui n'était pas comencé : il les fit', fans favoir mon intenfion.
Lorfque je les eús , je montai chéz la
Mère de Sara ; j'y trouvai mon Rival auprès de notre comune Maîtreffe ; je le
faluai fièrement ; je payai ; je me pro-
menai derrière tout le monde dans l'a-
partement, obfervant la perfide Sara,
troublée , filencieuse, ét je ne fortis que
lorfque je fentis que que la pacience a-
lait m'échaper. Je redefcendis auprés
du bon Florimond , avec qui je parlai
jufqu'au depart de mon Rival. Je fortis enfuite moi-même, j'alai prendre
une resolucion. Elle fut de paraître
tranquile. Je revins avec le plan for-

1781

mé d'annoncer en riant, que je quittais la maison. Malheureusement, quãd
j'entrai, Florimond racontait tout ce
que je venais de lui dire. Mad. Debée prit un air fâché ; elle me reprocha
durement ma conduite. Je voulus me
justifier : On me repondit : l'indignacion s'empara de moi : j'éclatai contre
Sara par les reproches les plûs vifs, l'em-
porement le plûs furieux ; il fut porté au
point, qu'elle se retira toute-tremblan-
te: la Perfide, acâblée par le poids de la
verité, ne put soutenir ma présence. Mõ
emportement continua, lorsquelle se fut
retirée : Je decouvris à sa Mère tout ce
qui s'était passé entre nous, à l'excepcion d'un seul point, qu'auqu'un Ho-
nêtehome ne declare jamais, quoique
nos Petitsmaîtres commencent par-là.
On descendit dans la salle-à-manger.
J'y suivis la Mère de la Perfide, avec promesse de ne plus m'emporter. Je le promettais avec dessein de le tenir : mais je
n'en fus pas le maître, en y retrouvant
Sara, et je m'abandonæ aux plûs grands
excès d'emportemt, dans cette reprise :
» Odieuse et perfide Creature, qui me
préfère *Othello!* tu mériterais... Et je
levæ la main... On dirait que les Fèmes
come Mad. Debée aiment les scènes de
cette espèce. En me voyant furieuxcõ-

89
Estamp.
(1er).

tre ſa Fille; en entendant mes reproches, mes menaces, elle en paraiſſait glorieuſe: ,, Voyéz come la beauté de ma Fille égare un Saze ,, ?... On liſait cela dans ſon air ét dans ſes ieux. Au plûs fort de ma fureur, un mot m'arrêta, ét me fit changer de langaje. Ce ſut la Mère qui le prononça. ,, *Il l'a demandée en mariage* ,,. A ce mot ſacré, plûs puiſſant ſur mon cœur honête, que les Invocacions magiques de Medée, je demeurai muét dabord : une ſoule de penſées s'offrit à mon eſprit. J'adorais encore Sara : l'idée d'un avantage pour elle, l'emporta ſur ma paſſion. ,, Que ne me diſait-on cela ! (m'écriai-je): ceci change tout. ,, C'est la verité (dit Sara); il m'a offert le mariage. ,, J'ai penſé, Mademoiſelle (je lui avais auparavant doné les noms les plûs odieux), que cet Home voulait non-ſeulement vous tromper, mais vous avilir: la propoſicion de mariage, fût-elle une fineſſe, done aumoins une excuſe à vos inprudences. Si pourtant elle était vraie, j'en ſerais charmé : un pareil établiſſement ſerait honorable pour vous. Mais il ne ſaut pas que cela languiſſe ! Qu'il viénne ; je n'ái plus droit de m'y opposer. J'aurais été votre Père : Un Mari est plûſque Tout-cela. Je ne ſaurais

être le vôtre ! mon Rival est libre ; il
doit être préferé ; c'est moi-même qui
me prononce mon arrêt-.

Après une scène auſſi violente, On
croit que Sara était furieuſe contre moi !
Elle avait-eû peine à me pardoner la 1re,
qui avait eté moderée, en comparaison :
elle oublia celle-ci preſque ſurlechamp.
Je la remis chéz elle ; je lui ſouhaitái le
bon-ſoir, er elle repondit à mon ſalut
d'une manière obligeante. C'est qu'il
est des Fêmes ſans mœurſ auxquelles
cette conduite conviént. Deux querel-
les encóre de la même force , peutêtre
parvenais-je à m'en faire adorer !... Mais
d'aprés la propoſicion de mariage , il
était neceſſaire que je ſuiviſſe un autre
plan. Ce ſut à une ſeparacion abſolue
que je penſái. Or ma paſſion n'était pas
mûre encore, ét ſans-doute j'euſſe agi
come du temps de Buhël-Dumont.

Cependant je feſais demenager ſous
differens prétextes : Je profitái de deux
viſites, qu'On rendit à mon Rival, pour
ôter les gros meubles. J'aſpirais à m'é-
loigner de Sara , come au bonheur ſu-
prême : je la ſouhaitais chéz Lamontè-
te , ét moi dans la nouvelle demeure
d'Agnès-L. J'agiſſais come ſi j'euſſe ig-
noré que le chagrin nous ſuit , ét qu'on
ne le laiſſe pas dans un logement quite.

1781 Le famedi 14 juillet, On fortit encore ;
ét je le desirais come un Enfant. Je me
hâtái d'achever de tout enlever... Je revins fouper le foir avec Sara. Je lui parlái de mes fentimens en Home desinte-
reffé : Je l'affurái que je conferverais à
jamais pour elle l'interêt, l'atachement
(je n'osái dire l'eftime), que je lui avais
voués.   En veritable Enfant, je feignis
de remonter chéz moi ; ét je fortis, pour
aler coucher à mon nouveau logement.
Mais cela m'amusait, ét m'empêchait de
fentir la douleur de l'operacion cruelle
que je fesais fur moi-même.

Le lendemain-matin, je vins voir Sara : (que de faibleffe, Bondieu !) je lui
tins les plüs tendres difcours : ,, Ma chère Sara ! (lui dis-je), vous conaîtréz un-
jour ce que je valais. Ma conduite envèrs vous, ma Fille, abfent ou présent,
fera celle d'un veritable Ami : Je vous
forcerái à m'aimer, par les procedés que
je veux avoir à votre égard ; je ferái enforte qu'ils vous étoneront, ét vous raméne-
rõt enfin à moi. [Et je penfais ce que je
disais : Sara n'en croyait rien : Moi, qui
parlais vrai, je mentais ; ét Sara, qui,
à-tort, ne me croyait pas, avait pourtant raison.,.   La verité de l'ivreffe est
prefque-toujours menfonge].   En cef-
fant de parler, je lui laiffái mon présent

ordinaire pour ſa penſion, et à côté de ſa 1781
guitarre, ſans qu'elle s'en aperçût, les
clefs de mon apartement.

Ce fut ainſi que je la quittái. J'alai
auſſitôt me promener ſur *l'Ile-Saintlouis*,
come pour y reſpirer la liberté: j'en é-
prouvai le ſentiment, et j'écrivis ſur la
pierre, *1ª libertatis* 15 *Jul.* mais c'était
trop-tôt chanter victoire! Que de fai-
bleſſes encore! J'ai reſtai 2 jours ſans
paſſer devant ſa porte. Le 3e, je la vis
à la fenêtre; elle me ſourit. Je la ſaluai.
Le même jour, elle partit pour aler a-
vec ſa Mère, à la maiſon-de-campagne
de mon Rival. Je l'ignorái juſqu'au
Dimanche; mais j'en avais des doutes,
ne voyant plus Sara, quoique je paſſaſ-
ſe 10-fois-le jour dans ſa ruë; j'ái d'ailleurs un tact particulier pour deviner
les verités deſagréables. Mais j'avais
renoncé à Sara; je lui avais moi-même
conſeillé un ſejour à la campagne; con-
ſeil le plûs agreable que je ne puſſe lui
doner ſans-doute. Cependant le Diman-
che-matin, je voulus m'aſſurer de la verité de mes ſoupçons. J'alái voir la Mère. La Fourbe m'aſſura que ſa Fille é-
tait malade de ſurpriſe et de chagrin de
mon départ; qu'elle-même et Florimôd
avait été 2-jours ſans pouvoir manger.
Je m'excuſái, ſur l'embarras mutuél de

 nos adieux. J'ajoutái que je profitais de l'abſence de Mademoiselle, pour rendre cette visite. Ce mot reſta fans reponſe : On voulait me cacher le ſejour. On me parla de la maladie, come fi Sara eût été à la maison. Enfin, je dis nettement que je la croyais chez mon Rival. Silence ; mais on ne put tergiverſer longtemps, ét l'aveu le plûs complet ſuivit. On m'aſſura qu'elle était ſur lepoint de rompre, lorſque je m'étais éloigné ; que biéntôt Sara ferait laſſe de ſon *Malôtru*, étc. (c'est le mot de la Mère). Elle me cita enſuite differens traits d'ingratitude de ſa Fille. (J'en ſavais autant qu'elle là-deſſus). Elle la traita de Monſtre 5 à 6-fois. Elle m'aſſura, qu'elle avait tous les papiers ueceſſaires pour la faire renfermer, quand elle voudrait, pour des choses infames, dites contr'elle ; que ſon Mari lui en avait doné plein pouvoir, d'après les calomnies de cette Fille denaturée, ét ſa conduite avec l'Avocat *Blondël* : (Sara, qui m'en avait parlé, n'en dit rién dans ſou écrit : la Mère aurait-elle raison ?) En fortant, je conſeillái à Mad. Debée de hâter la crise, en laiſſant ſa Fille chéz mon Rival ; l'aſſurant que je reviéndrais à elle, quâdilferaitabſolumëtindifferens l'Un

à l'Autre… Et la Brute crut que ce langa-
ge de la rage, était celui de la sincérité !

Après l'avoir-quitée, je cherchâi de la
diffipacion : je repris mon ancien usage,
d'aler-voir les Belles, étjené me trouvai
pas infenfible à ce genre de plaisir. Mais
dans l'après-dînée, mon pauvre cœur
tonba dans un plûs-grand affailfemt que
jamais. Je remarquai, mais trop-tard,
qu'il y a cette difference entre un Jeune-
home, ét un Prefque-cinquantenaire,
que la diffipacion diftrait le Premier,
ét que fouvent elle ne fait qu'aggraver
les peines du Second. Je pleurai, malgré moi, en me promenant, en voyant
des Amans-unis, qui fe tenaient fous
le bras, qui fe fouriaient !… Mes pas
fe tournèrent enfin vèrs la maison-de-
campagne de mon Rival : je cherchais
des ieux la Perfide, que je craignais
d'y voir ; dont je m'étais-éloigné, il n'y
avait que huit-jours !… O contrariété
du cœur humain ! je t'admirerais, fi tu
ne fesais pas mon tourment !… Il me
vint en ce moment une belle reflexion !
Ce n'était plus Sara que j'aimais ce
jour-là ; je la voyais avec mille-defauts ;
c'était le bonheur dont elle m'avait-fait-
jouir ; fa Perfone, j'ose le dire, m'é-
tait indifferente : l'anciénne Sara m'é-
tait chère encore ; la nouvelle ne m'é-

1781

tait plus rién. ¶ Le lendemain, en sortant de chéz moi, je pris par la ruë de cette Sara : ,, Je m'en-repentirái! (me dis-je en-moi-même). A-peine y-eús-je fait quelques pas , que j'aperçus la Mère à la fenêtre , ét dans le même inftant, Sara elle-même , qui fortait avec Florimond. Je les faluai : Sara me le rendit froidement. La Mère m'apela, lorfque je paffai. Je montái auprès d'elle. ,, Savéz-vous que ma Fille est très-malade ? Elle m'a-paru trifte. ,, Hô! ils font brouillés , ou prêts à l'être. C'est elle qui a demandé à revenir! ,, Cela me furprend ! elle devait fe plaire chéz fon *Pépé*. ,, Il y a quelquechose là-deffous que je ne conçois pas: M. Florimond est forti avec elle , exprès pour la queftioner : je faurái ce qu'elle lui aura dit ,, . Je ne crus pas un mot de ce que cette Femme m'apprenait. Le foir , en repaffant, la Fille ét la Mère étaient à la fenêtre ; ét je montai chéz elles. A mon aproche , j'entendis la Mère, qui disait a fa Fille : ,, Hé-bién, MADEMOISELLE, aléz donc au-devant du Monde, qui viént pour vous ,, ! Sara me reçut afféz-bién, d'après cette injonçcion : nous causames ; je parlai de mes fentimens pour elle ; j'en-peignis la fincerité, l'honêteté, la conftance ; je

regrettái

regretai la demarche qui m'éloignait 1781
d'elle.   A tout-cela, Sara parut froide.

J'ái su depuis ce qu'il y avait de vrai
dans la brouille de Sara et de Lamontette : le sujet en est *ineffable*, ou plutôt *inracontable*, tant il est.... Je tâche-
rai d'en-dire un mot, quand j'en-ferai
au temps où j'en-fus-certain.

Le lendemain, je vins fouper avec
elle ; avantage dont je jouis encore
fix-mois.   Le troisiéme foir, nous causames ferieusement; je la priái une feconde-fois de me dire avec fincerité, fi
elle m'avait-aimé?   ,, Je l'ái cru, me
repondit elle en riant. ,,Et quand avéz-
vous cessé? Ne vous en-doutéz-vous
pas? ,,Non pas abfolument ; mais vous
pouvéz me le dire. ,, Non ; dites-
moi ce que vous penfez. ,, Je crois que
cette époque a précédé d'environ 15
jours votre connaissance avec mon Rival. ,, Je croyais que vous devineriéz
plüs jufte? ,, Quoi! c'est donc lui-
feul qui m'a-enlevé votre cœur? ,, Que
voulez-vous? ,, Hé! coment, coment,
avec une figure come la fienne, un mérite auffi-mince, a-t-il pu?.... ,, On n'est
pas maître de ses fentimens. ,, Hâ!
Sara! vous faites votre malheur et le
mien! car cet Home n'est pas ce que
vous voulez ; il mettra au-desefpoir

XII Partie.   V v

1781 votre veritable Ami ; il le tuera, ou le
forcera d'éteindre ſes ſentimens pour
vous. Nous eúſſions-été ſi heureux, ſans
lui ! vous m'aimiéz ; je vous adorais.
... Il n'eſt plus-temps ! Mais du moins
auréz-vous en-lui un ſoutién, un apui ſoli-
de ? ,, Je le crois. ,, En-êtes-vous-ſûre?
,, Je ne le ſuis de rièn.   ,, Pas-même
de mes ſentimens ? ,, Que vouléz-vous
que je diſe ? ,, Aléz, aléz, Sara ; vous
ne doutéz pas de mes ſentimens ; mais
ils vous pèsent,,.   ¶ Nous parlames
enſuite ſur un ton moins-ſerieux, ét
Sara elle-même, en-me-reconduiſant,
me dit.   ,, Si M. Lamontette ſavait que
nous cauſons ainſi amicalement, que
nous ſoupons enſemble tête à tête, hô !
que dirait-il ! ,, Il ne ſerait pas content, ét ſûrement il vous en donerait
des marques ! ſans avoir les mêmes
droits que moi , il ne ſerait pas auſſi in-
dulgent ! ,, Il me diſait un jour : ,, Hé-
bién, Fiſille ? ét M.-Nicolas, l'avéz-vous
toujours ? ,, Sans-doute (lui dis-je en
riant). ,, C'est votre anciénne inclinacion (reprit-il), il faut la conſerver ſoi-
gneuſement ! ,, S'il oſait me tenir ce
langaje indecent, je ne le ſouffrirais
pas, Mademoiselle. ,, Bon ! il ne craint
Perſone aux armes ; il est un des plûs-
forts du Royaume ,,.   (O Fille *Fille !*

ta deteftable adreffe ne m'épouvanta
pas !) Nous en-reftames-là.

Le vendredi-matin, je revis Sara , ét
je la faluai du nom de mon Rival, cherchant à m'égáyer ainfi moi-mème. Elle
dit que ce badinage n'était pas de fon
goût. Je changeai de converfacion , ét
Mademoiselle s humanisa un-peu. Mais
après-dínér , nons eúmes une fcéne af-
féz-intereffante. ¶ Je trouvai Sara feule dans un petit jardin. J'alai à côté
d'elle , ét je m'affis. Elle me temoigna
combien elle desirait d'entrer au Couvent, dont fa Mére l'avait-menacée ,
parcequ'elle ne voulait pas renoncer à
M. Lamontette ; elle me pria de la determiner à l'y-mettre. Ce fut à cette
occasion , que je l'affurai , que je fe-
rais-toujours prêt à lui rendre des fer-
vices réels. Ses larmes coulérent : je
les avais vu couler fi-fouvent, que je ne
fus à quoi les attribuer : mais le foir
après-foupér , étant couvenu de n'agir
que de concert avec elle , je crois qu'
elle s'attendrit pour moi ; car il lui
échapa de dire , que pour être infenfible à mes procedés , il faudrait donc
avoir le cœur bièn-dur ! En me quit-
tant, je cherchai fa main ; elle ferra la
mienne , ét lui áyant voulut prendre
le baisér d'adieu , elle me presenta la

1781 bouche. Voila come se passa le vendredi : mais il faut penser , qu'il y avait
alors 4 jours entiérs qu'elle n'avait vu
mon Rival , ét que Sara voulait que je
disse à sa Mère de l'y mener.

Le samedi , je la vis 2-fois , ét la 2de
detruisit l'impression favorable de la
veille. Elle me conta que sa Mère avait
absolument congédié Lamontette ; elle
en versa des larmes , ét les sanglots l'é-
toussaìt. Mais áyant entendu revenir sa
Mère , elle prit surlechamp un air se-
rein. Je sus très-peiné de la decouverte
que son afflicçion me fesait faire de son
ingratitude. L'impression en dura tout
le Dimanche : Je la vis cependant, parcequ'elle se tint à la croisée , prête à partir ; mais je ne lui parlái pas en-particuliér. Le lendemain Lundi , je l'aperçus devant moi , come je passais par sa
rué. Elle me vit aussi , ét doubla dabord
le pas : Mais je ne jugeái pas à-propos
de la joindre , ét , à mon retour, j'eús la
force de ne pas entrer chéz elle. Cepè-
dant le soir , nous soupames encore ensemble , ét je lui marquái beaucóup de
froideur... Le Mardi , Je sus asséz tranquil. Le soir , je ne pus souper avec elle,
ét je n'en sus pas fâché... Le Mercredi,
je ne la vis pas : Je sus, le soir, qu'elle
avait eú de l'inquiétude ; elle demanda

de mes nouvelles. Elle voulut en venir 1781
chercher elle-même : Elle y vint, ét je
la trouvái dans l'escaliér. Je fus charmé
de cette atension. plüs flateuse encore
que je ne le croyais dans le moment ;
puisque je pensais que sa Mère l'avait
envoyée... Mais un cruel revers m'attendait quelques jours après ! Mon
Rival, qui n'avait pas voulu faire bour-
se comune, aparenment, était éconduit
par la Mère de Sara de la maniére la plüs
complette : La Jeunepersone en était
depitée ! ét sa Mère l'áyant assurée qu'
elle ne verrait plus mon Rival ; Sara lui
repondit, Qu'elle y consentait, pourvu
qu'On me priât de rester chéz moi, at-
tendu qu'elle preferait la solitude à la
Compagnie. ,, Vous le diréz donc vou-
même (reprit la Mère, piquée du ton
de sa Fille). ,, Je le dirái ,,.

Vérs les 2 heures, je parus, suivant
mon usage, depuis ma sortie de la maison. Je trouvái les 2 Fēmes ensemble.
On me parla come à-l'ordinaire, ét je
sortis, sans qu'On m'eût fait le compliment prémedité. Mais le soir, étant revenu, pour souper avec Sara, sa Mère,
que je trouvái seule, me dit : ,, Coment !
vous voici ? On ne vous a donc rién
dit, tantôt ? ,, Non, madame. ,, Hé-
bién, apprenéz que Mlle doit vous prier

de reſter chéz vous-. Elle me fit enſuite le recit de l'altercacion qu'elle avait-eúe le matin avec ſa Fille. Je la priái de l'apeler, pour entendre de ſa bouche les raiſons de ſon procedé ; quels étaīt mes torts, ſi j'en avais ; en-un-mot, ſes motifs?... Sara repondit à-peine, ét je ſoupçonái la Mère de vouloir m'éconduire, ou me tirer quelque-choſe. Je ſortis, flotant dans l'incertitude. Je ne ceſſái pas de voir Sara, avec laquelle je ſoupais ; mais d'être familiér avec elle.

Un-ſoir, que je paſſais par la ruë *de Bièvre* (j'avais été demeurer dans celle *des-Bernardins*, qui en eſt proche), de loin j'aperçus à la fenêtre une Femme (j'ignorais ſi c'était la Mère ou la Fille), qui geſticulait, en parlant à un grand Clërc-de-Procureur. Je la fixái, en avãçant toujours. Je crus voir la Mère, qui feſait des ſignes très-intelligibles au Jeune-Clërc : Celui-ci lui repondait ſur le même ton. Je paſſái ſans regarder la Dame en-face. ,, J'y ſuis enfin (penſái-je); elle a d'autres vues pour ſa Fille ! M'y voila ,,. Je me hâtái de faire la choſe pour laquelle j'étais ſorti, ét je revins ſurlechamp. La Dame était encore à la fenêtre vis-à-vis le Jeunehome. Je paſſais, Mais une reflexion me fit entrer dans la maiſon. Je courus aufond de la cour,

croyant y trouver Sara, Je voulais lui 1781
aprendre, que fa Mère fesait une nouvelle Conquête pour elle. Mais quelle
fut ma furprise, de trouver la Mère!...
Je lui demandái la permiffion, que j'obtins, de parler à fa Fille? Je vis alors
clairement que c'était Sara, qui venait
de faire au Clerc-de-Procureur les fi-
gnes-d'intelligence qui m'avait revolté,
même de la part de fa Mère! Je ne pouvais revenir de mon étonement: ,, Ce
Rival fi cheri, voila deja qu'On lui done un Succeffeur~! Je ne fáis ce que j'e-
prouvái: mais le mouvement que ref-
fentis, reffemblait à de la joie. Je me
crus gueri par l'indignacion. Point-du-
tout! l'inconcevable fentiment de l'a-
mour fe fortifia par l'idée que mon Rival était abandoné. Infenfe! qui ne voyais pas, en ce moment, qu'un Amant
jeune, aimable, était bien autrement
dangereux! Que fis-je cependant? Je re-
nouái! ét je tâchái de gâgner par des
bienfaits cette âme venale!... A-la-verité, je fentais ma folie: J'hefisais à
doner: Mais à-l'inftant du don, j'y trouvais un plaisir fi vif et fi pur, que j'en
étais páyé par le don même, quoique
fait à une Ingrate. ¶ Un-jour, que j'a-
vais financé, Mad. Debée me raconta
triomfante, coment, en alant aux *Tui-*

1781 *leries*, elle avait doné le congé abſolu à
mon Rival. Elle paſſait avec ſa Fille ét
Florimond par la ruë *des-Noyérs*: Lamontette les avait rencontrées tout à l'
entrée, ét s'aprochant de cet air ouvert
qui lui eſt naturel, „ Mesdames (leur
avait-il dit), j'alais à la proceſſion du 15
Auguſte: mais ſi vous le permettéz, je
prefereréi de vous acompagner, ſoit aux
Tuileries, ſoit au *Palais-Royal*, où vous
aléz? „ Il ne ſaut pas vous derãger, Monſieur: Un Home come vous a des affaires
importantes. „ Ce derangement ſera un
plaiſir pour moi, Madame. „ Et moi,
Monſieur, vous me derangeriéz. „ Madame a donc des affaires de-conſequence aux *Tuileries*? „ De-conſequence, ou
de-non-conſequence; je ne veux pas ê-
tre aconpagnée. „ Apparenmet la con-
pagnie d'un Honête-home vous gênerait?
„ Qu'apeléz-vous, Monſieur? Vous ê-
tes Un,.. „ Calméz-vous, Madame! mon
intenſion n'eſt pas de vous piquer! mais
ſeulement de vous faire une obſervaciõ
toute ſimple, toute naturelle. „ Je n'éi
pas beſoin d'obſervacions de ce *gendre*.
„ Je vous la fais ſans deſſein; cela m'eſt
venu naturellement... Adieu, Madame.
... Mademoiſelle, de tout mon cœur...
Vous ne partagéz pas la mauvaiſe-hu-
meur de votre Maman, n'eſt-ce pas „?

(Je ne sais quelle fut la reponse de Sara; Persone ne me l'a rendue, ni sa Mère, ni elle-même, lorsqu'elle m'en parla.

D'après cete rupture, je fus tranquil.
Mais On me trompait, au-point que je
fis pitié à Florimond, cet Home si digne
de pitié lui-même : Il plaida pour moi,
et il fit decider, que lorsqu'On irait chéz
Lamontette, On ne coucherait pas ; On
y ala effectivement, et l'On revint le soir.

Je disais, que la persuasion que mon
Rival était abandoné, avait retabli mon
inclinacion pour Sara.   J'eûs alors une
satisfacçion que je regardâi come bién
douce, et qui, au fond, n'était qu'une
nouvelle duperie. J'avais renoué tout-à-
propos, pour procurer à Sara une chose qu'elle desirait avec une ardeur infi-
nie.   Une Femme locataire de sa Mère
était en couches : Sara, depuis la connaissance de Lamontette, s'était propo-
sé de tenir avec lui l'Enfant de cette
Fème : Certes dans les 1ers temps, cela
n'aurait pas manqué : mais la fable de
la rupture derangea tout.   Mon Rival,
très-cancre, observa que c'était une de-
pense dont il falait me charger, et qui
me conblerait !   On se fit un jeu de ce
que je croyais une marque d'amitié. Le
jour de l'acouchement, Sara m'atendit
avec inpacience une partie de la jour-

1781 née. Je passái enfin sous ses fenêtres.
Elle m'apela, ét me fit sa proposicion?
J'hésitái dabord, par repugnance pour
la ceremonie baptismale : mais auhout
d'une minute, je sus ravi que Sara me
fournît elle-même une occasion de ci-
menter notre liaison : je songeái qu'elle
alait être ma cõmére, ét ce titre flata si
fort mon pauvre cœur, que je sentis
mieux que jamais que Sara y régnait encore. ,, Puis-je vous refuser ,,? (lui dis-
je, en lui présentant la main). Elle reçut món consentement avec une joie d'
autant pliis vive, que le refus de mon
Rival, malgré leur convencion, n'avait
pas laissé de la mortifier : c'est pourquoi
elle avait arendu au derniér moment à
me prévenir : car recevant tous les soirs
Lamontette chéz sa future Cõmère, elle
avait esperé de le determiner. Elle courut anoncer à l'Acouchée, qu'elle avait
pour conpère son pis-aler... Le soir, a-
vant, durant, ét après la ceremonie,
elle fut charmante ! elle l'aurait été pour
Un Indifferent. Mon cœur s'épanouis-
fait; j'eús la faiblesse de croire, que le
titre que nous acquerions l'un envers
l'autre, serait capable de lui doner pour
moi quelqu'attachement. Cette erreur
ne dura que la journée : dès le lendemain, Sara reprit sa manière accoutu-

mée depuis son indifference, et cette
manière n'était rien moins que flateuse,
pour un Home qui avait été cheri: celle
qu'elle aurait eúe pour un Indifferent,
aurait été mille-fois preferable. Chaque jour m'a confirmé cette insensibilité
cruelle, qui m'occupe et me desespère:
Chaque jour je m'apercevais confuse-
ment, que j'étais trahi, trompé; que
j'avais perdu non-seulement l'amour,
mais l'amitié, la confiance. J'en acquis
biéntôt la certitude. ¶ Un-jour, elle sortait avec sa Mère: on me cachait le but
de cette sortie: le hazard, en les quittât
un instant avant le depart, me fit prendre une route qu'elles devaient suivre:
elle m'aperçurent devant elles, et elles
retournèrent sur leurs pas. Je fus cruellement blessé de cette conduite! mais
pourquoi l'être? Depuis longtemps Sara ne voyait plus en moi qu'un Ennemi: l'interêt seul l'engajait encore à me
souffrir auprès d'elle: l'amitié, la confiance n'existaient plus. Le soir, je m'
en plaignis à la perfide Sara: ,,J'ai aimé, lui dis-je, une Fille dont j'ai perdu le cœur; elle reünissait toutes les perfecçions, la jeunesse, la beauté, la vertu, l'amitié, la tendresse, l'amour, la
generosité: c'était le chef-d'œuvre de
la Nature: hâ! que je l'aimais! toutes

1781 les fois que je la voyais, mon cœur s'élevait à l'Etre-éternel; je le beniſſais de m'avoir doné un ſi grand Bién, pour embellir le ſoir de ma vie: je mettais mon bonheur à n'exiſter que pour cette Fille charmante, à travailler pour elle; je treſſaillais de plaiſir, à l'idée qu'elle ſerait ma Fille un-jour, ét qu'elle-ſeule recueillerait le ſruit de mes travaux, mes ſoupirs: ,, Je vivrai dans ſa memoire (penſais-je); ſon âme reconaiſſante cõſervera mon ſouvenir ,,! Hêlas! cette idée n'est plus! je l'ai perdue pour jamais. ,, C'est un Etre imaginaire que cette Fille (dit Sara)? ,, Sara, ma chère Sara, elle avait votre tâille, vos ïeux, la couleur de vos cheveux; votre bouche; votre teint; votre ſourire; votre ſon-de-voix; la tournure de votre eſprit: elle vous reſſemblait parfaitemt. ,, Vous me perſuaderiéz que c'était une-autre-moi-même! ,, Non, car c'était vous; mais ce n'est plus vous: je cherche ma Sara, dans Sara inconſtante, ét je ne la retrouve plus!... Hâ! rens-moi la Sara d'il y a 6 mois! tu le peux; elle est en ton pouvoir, ét je me trouverai le plûs heureux des Homes ,,! L'inſenſible Sara ne repondit à ce langaje ſi tendre, que par le geſte de l'indifferẽce ét de l'ennui.

Je paſſe une foule de détails: Mon Rival

1781

Rival était reçu nuitanment par Sara chéz
l'Acouchée: La Mére eût peur que je ne
m'en aperçuſſe, ét elle s'avisa un-jour de
la menacer devant moi, ſi elle la trouvait
encore chéz l'Acouchée, lorſque le Cochér ſon Mari viéndrait la voir. Je ne
fus pas jaloux du Cochér, quoique j'i-
gnoraſſe le fond de la conduite de Sara.
Auſſi le mois de 7bre fut-il aſſéz tranquil, juſqu'au 28, qu'en me promenât
ſur l'Ile-*Saintloüiſ*, il me prit des doutes
violens, au-ſujet de Lamontette. Je ne
crois pas aux préſentimens, ét cependāt
c'en était un: j'ai ſu depuis, que ce même jour, On avait envoyé chéz lui Florimond, qui voulait obtenir un emploi.
Le Dimanche 30, On le vit aux *Tuileries*.
On lui parla de l'emploi de Florimond,
ét il propoſa de venir dîner chéz lui le
Mardi ſuivant. Le ſoir, j'atendais Sara,
pour ſouper: Elle ne vint qu'à 10 heure. J'eûs des ſoupçons ſur une entrevue
au *Boulevard*, ou à la Petite-maiſon de
Lamontette: Le Lundi ét le Mardi, l'air
enjoué de Sara les confirma.

Le 2d de ces 2 jours, qui était le 2
8bre, je ſortis vêrs les 4 à 5 heures, ét
j'alái au *Boulevard*. Je ne vis pas Mad.
ét Mlle Debée au Café où elles avait cou-
tume de s'étaler. Il me prit envie de rô-
der autour de la Petite-maiſon. Je n'y

XII Partie.   U u

1781 eûs pas été un quart-d'heure, que j'entendis defcendre des Fêmes. Je m'éloignai auffitôt, et je vis fortir Sara, Florimond, mad. Debée, et Lamontette! La partie-quarrée s'arrangea dès qu'On fut defcendu : Florimond marcha devant, ou derrière la *Circé* qui l'avait avili ; car elle en fesait pis que fon Valet; Sara fuivait, mollement apuyée fur le bras de Lamontette. Je pouvais à-peine en croire mes ïeux, malgré les préfentimens que j'avais eûs !... Je me detournai dans un potager fort bas, et je les laiffai paffer. Je marchai fur leurs pas ; non fans éprouver les mouvemens rapides du mépris, de l'indignacion et de la plûs violente fureur : Dix-fois je fus fur le point d'aler feparer Sara de Lamontette, en difant à ce Derniér: ,,C'eft à moi que ce bras apartient, puifque je paie«. Je me contins heureusement! Je les vis enfuite entrer au Café, où la belle Sara me parut nager dans la joie, à-côté de fon Othello, qui fe pavanait de fon mieux... Je resolus de rompre le jour même... Un inftant aprés, je crus qu'il valait mieux diffimuler avec Sara, pour lui reprendre les bijous que je lui avais donés. (Ruse de l'amour, pour ne pas rompre encore !) J'étais bleffé de voir ce que je lui avais doné

faire honeur à mon Rival. Mais diffe-
rer, quand On aime, c'est pardoner.
Quelle plaie peut-on faire à l'Objet aimé, qui ne dechire notre cœur, encore
plûsque le sièn !... Hà ! que j'aimais encore Sara !....... ¶ Je la vis le soir,
ét je dissimulái : mais j'avais un air cō-
centré, qui l'alarma. Cependant elle ne
m'en dit rien. J'ái fait depuis une remarque : Sāra était insolente avec moi, dés
qu'elle avait Quelqu'un pour me remplacer Ce soir-là, elle ne le fut pas :
mon Rival ne s'était donc pas montré
fort-empressé ?... Mais je ne fis point
alors cette reflexion. ¶ Le lendemain,
je me trouvái presque calme, tant la vue
de l'Enchanteresse avait de pouvoir sur
moi ! Cependant j'alái voir sa Mère, ét
je lui parlái de mon Rival. Elle m'af-
sura qu'on ne le voyait plus. „ Femme saufse ! (pensái-je), tu ignores que
je sáis ta demarche d'hiër : reste dans
le doute „. Je lui dis, que je l'esperais;
ét j'ajoutái, qu'il n'y avait pas de milieu ; ou lui, ou moi : que si on le voyait une seule-fois (c'estadire Sara), je
me retirais surlechamp. On ne me repondit rién. Mais le soir, j'avouái à
Sara, que je l'avais vue. Sa surprise
eút l'air de la confusion. J'ajoutái, que
j'avais declaré à sa Mère, que je me re-

u u 3

1781 tirerais abſolument , ſi on revoyait Lamontette. Sara garda le ſilence. Mais
elle ſut profondement affectée de cette
opoſicion de ma part, qui ne pouvait
câdrer avec ſes vues, de mener 2 intri-
gues à-la-fois, ét de tirer géalement parti de l'une ét de l'autre.

Cependant, le Dimanche d'enſuite,
On n'en vit pas moins mon Rival. Je
guettais l'inſtant du depart ; je devançai
les Fripones, ét j'alái me placer à la
jonçcion des 2 chemins qui conduiſent
au Videbouteille de Lamontette. Là,
je m'aſſis, ét je les atendis conſtanment,
croyant qu'elles ne manquerait pas de
venir. Mais Sara m'avait aperçu de loin
alant devant elles , ét ce ſut la raiſon
pour laquelle On ne vint pas à la mai-
ſon-de-canpagne d'étiquette de M. Noi-
raud-De-Lamontette. Je m'étais pro-
popoſé, en les voyant, de me lever, d'
aler audevant d'elles , ét de leur dire,
Que j'avais 2 piſtolets , ét que ſi elles
entrait chez mon Rival, j'alais le forcer
à ſe batre avec moi en leur préſence....
Qu'On imagine la ſcène qui ſe préparait ! car je m'étais armé : Je n'avais pas
fait de ces folies dans ma jeuneſſe, ét je
m'en aviſe à 47 ans ! Car je ne citerái
pas mon combat avec Tourangeòt, ni
même un-autre, ruë *Honoré*, vis-à-vis

l'*Oratoire*, en plein-jour. Arrêté fur une
porte, je regardái avec trop d'admiraciõ
une Jolie-fême, qui paffait, donant le
bras à fon Mari. Mais ce ne fut pas lui
qui le trouva-mauvais; ce fut le Frère de
la Dame, qui la fuivait: Il me dona un
coup fur le bras. Auffitôt mõ épée brille
en l'air : ,,Defens-toi, ou je te perce!
,,Mon Frère! vous avéz tort! (dit la Jeune-
Dame). ,,Oui, très-tort! (ajouta le Mari).
,, Monfieur! (reprit la Dame, en me regardant). ,, Je vous obeïs,,! (m'écriái-
je). Et je rengainái... Je reviéns-
Heureusement les 2 Dames m'épar-
gnèrent le desagrement que mon impru-
dence alait me causer. Aubout de plüs
d'une heure, je me laffái de refter-là en
fentinelle : je gàguái le café *Cauffin*, ét,
fans me montrer, je vis les Dames. Elles
étaït feules. Mais à 5 heures, Lamontette, qui les avait atendues envain, arriva, ét courut à elles. Il y eût fans-
doute une explicacion, où je ne fus pas
menagé. Il fit l'agreable, ét n'excita
que ma pitié! (La veille, ou le lendemain, il m'aurait fait envie!)... Je revins chéz moi dans une resolucion fin-
gulière; ce fut d'atendre jufqu'au furlendemain 9 8bre, ét d'aler les joindre,
lorfque mon Rival ferait avec elles, foit
chéz lui, foit au Café. Je n'étais pas

1781 trop arrêté fur la conduite que je tiéndrais : mais j'efperais qu'il arriverait quelque-chose, ou qui me guerirait de ma folle paffion, ou qui éloignerait Lamontette, fi On me donait fur lui une préference que je n'efperais plus.

En-confequence, le foir, je n'alái pas fouper avec Sara : je me fentais trop éému, et je craignis de ne pouvoir me contraindre : Mais le lendemain, je fus plüs fort, et je pus diffimuler.

Le mardi, on partit pour le *Boulevard.* Je fuivis de vue les 2 Femmes dangereuses, dont l'Une excitait encore dãs mon cœur quelqu'interêt, parceque je ne la croyais pas une Miserable confomée, come fa Mère ; je lui fupofais de l'inconfideracion, de la moleffe ; mais non une fineffe, qui ne câdrait pas avec la naïveté que je lui croyais naturelle. Lamontette les avait précedées ; il les reçut. Lorqu'elles furent arrangées, j'entrái d'un air ouvert, riant même ; je les faluái, et je m'affis à-côté de la Fille. Lamontette me regarda noir, fe leva, fi aux Dames une demi-inclinacion, et fe retira. Je reftái ferme et juvant entre mes dents contre Sara, qui paraiffait dans une fituacion infiniment penible. Mon Rival fut plûs de 2 heures abfent, alant de côté et d'au-

tre, faluant fes Conaiffances; èt il finit
par s'affeoir a une autre table. Je fus
trés-furpris de fa conduite! J'entrevis
la noirceur de la Mère, peutêtre de Sara elle-même, qui était encore plûs intereffée à ce que Lamontette ét moi ne
nous parlaffions jamais. J'étais venu
au *Boulevard*, non-feulement par le motif que j'ai dit, mais encore pour un
autre. Sara, dans la femaine précedente,
te, m'avait avoué que fa Mère avait
parlé contre Lamontette, ét qu'elle m'a-
vait mis fur le compte les propos qu'elle-
même avait tenus: Je fais que les Ennemis font bons à rién. En·confequence,
outre mille autres chofes que j'avais à dire, je defirais une explicacion avec Lamontette, fans lui avouer par Qui j'étais
inftruit: Mais tous mes projets furent
renverfés par la conduite qu'il tenait à
mon égard. Il revint enfin auprés de
Sara, à laquelle, durant fon abfence,
j'avais adreffé environ 4·fois la parole,
ét qui ne m'avait repondu que par mo-
nofillabes: elle lui fourit, lui parla en
riant. J'étais furieux: ,,Vous parléz
dõc enfin, ét vous fouriéz! (lui dis-je à-de-
mi-bas), aulieu de mourir de honte ,,!
En parlant ainfi, je brisais ce que je tenais entre mes doigts. Sara ne repondit rién: mais fa Mère s'aperçut de ma

fureur ; elle en fut émue, et elle parla plusieurs-fois à l'oreille de son Florimond. Quelqu'un en voiture, qui pafsait en ce moment fur le *Boulevard*, à-yant demandé Lamontette, il y courut. La Mère profita de cet intervale, pour fe lever, et fortir. Sans-doute elle craignait entre Lamontette et moi une fcène, qui n'aurait pas manqué de la compromettre, avec la reputacion qu'elle a ! Je les remenái. Sara prit le devant, et fit mettre Florimond à-côté d'elle. J'affectái de parler gaîment à la Mère, et à notre retour, je foupái avec la Fille, fans lui dire un feul mot de mes motifs, non par prudence, mais par faiblesse. ¶ Une-autre fcène m'attendait le lendemain. Mais avant de la raporter, il faut rendre compte d'une visite que je fis à Lamontette, pour lui demander les motifs de fa conduite à mon égard la veille. On fait que j'étais instruit par la Fille des difcours de fa Mère à mon Rival. Ainfi mon debut, avec lui, fut une denégacion de certains propos injurieux, qu'on avait mis dans ma bouche à fon égard. En-effet, ce n'avait jamais été que d'après les difcours de la Mère, fur le pouvoir fecret de mon Rival, fur fes Conaiffances prétendues en Gens plûsque dangereux,

que j'avais toujours repondu à cette 1781
Femme, ,,Mais, Madame, si c'est un
Home come vous le dites, d'où-viént
lui avéz-vous mené, laissé votre Fille!
D'où-viént l'y conduiséz-vous encore ,,!
Elle me repondait, en jouant l'effroi.
,,Hâ! Monsieur! je serais une Femme
perdue! ,, Coment perdue! ,, Oui!
vous lui avéz-fait de moi un si beau por-
trait! Hâ! Monsieur-Nicolas! je ne vous
le pardonerái jamais!... à-moins que
vous ne disiez tout le contraire ,,? Je
l'avais refusé nettement, sans qu'elle
eût osé s'en fâcher. On voit que, d'a-
près cela, je jouais auprès de Lamontette le rôle d'un Home qui se justifie,
mâis de la manière la plûs avantageuse.
Je voulais dabord ne pas inculper la
Mére de Sara. Mais insensiblement,
je me trouvái engajé à le faire, tant
par inclinacion à la demasquer, que par
l'adreſſe de Lamontette, ét pour le persuader abſolument. Notre converſacion
dura 3 heures, ét je croyais n'y en a-
voir doné qu'une: Tant il est vrai que
les Amans ne s'ennuient jamais à parler
de l'Objet du cœur: ce qui est encore
vrai, longtemps après qu'ils n'aiment
plus... Je revins, non-pas reconcilié,
mais diſſimulé avec mon Rival: des Rivaux peuvent à-peine se pardoner, après

1781 leur paſſion ceſſée; ils ne s'aimēt jamais.

Je ne vis Sara, qu'à 1 heure après mi-di. Je la trouvài fondant en larmes, ſanglotant, ſoupirant. Je ne ſavais que penſer, loiſqu'elle éclata par des reproches. ,,Voila ce que c'est que d'ètre à la ſolde d'un Home! On n'est plus libre! Je ne ſaurais voir un Honête-home. ,,Quād On est à la ſolde d'un Home, On n'est pas la Maitreſſe viſiblement éprise d'un Mulâtre (repoudis-je), ou l'On doit renvoyer Celui qui ſolde. ,,Auſſi vous renvoyé-je, monſieur: J'ài remis à ma Mére vos préſens, ét elle doit les pórter au *Mont-de-Piété*, pour ſe páyer des loyérs du logement que nous avons occupé enſemble. ,,Quoi! me croyéz-vous aſſez peu délicat, pour ne pas lui páyer vos loyérs! Reprenéz vos bijoux, mademelle; je vais aquiter le paſſe, ét, s'il le faut, le futur. Nous nous quiterons après, ſi vous le vouléz. Vous ſavéz que je ne pàie vos loyérs ét votre penſion à votre Mére, qu'à votre ſollicitacion, pour vous empêcher d'être entretenue, ét l'engajer à vous laiſſer tranquile? Ainſi je penſe qu'il est de votre intérèt que je continue ,,. A ces mots, Sara s'adoucit. Elle conſentit à reprèndre ſes bijous, que j'alài redemander à ſa Mére. Mais Sara, qui avait-éù le matin une

querelle violente, parcequ'elle ne voulait pas renoncer à Lamontette, n'osa
pas m'accompagner, quoique je l'en
preffaffe. La Mére feignit la plùs grande
furprise du confentement de fa Fille!...
Je fus obligé de l'envoyer chercher par
Florimond, pour convaincre Mad. Debée. Sara vint, ou plûtôt Florimond
nous l'aporta. Elle demeura muette....
,,Qui ne dit mot confent,, (murmura la
Mère). Auffi Sara reprit-elle avec joie
fes bijous, et f'en retourna dans notre
logement. ¶ Voila come fe termina la
fcéne du 9 8bre. Ce jour a depuis été
celèbre dans mes dates par fes Anniver-
faires, furtouten 1784, qu'il fut abreu-
vé d'amertume et de douleur, par les in-
quietudes que me caufait la PAYSANE-
PERVERTIE... J'ajoute cependant, que
j'eûs 5 entretiens avec Lamontette, 2
chéz lui, et un 3e un-foir qu'il avaitac-
conpagné les 2 Femmes jufqu'aubout
de la ruë *de-Bievre;* que nos explicaciös
furent très-detaillées! Mais nous n'y dimes que ce que l'on fait deja, fi ce n'est
qu'il infifta fort, pour favoir, fi Sara
n'avait pas *Quelqu'un.* Je proteftái in-
confequenment que non. Il dut bién
en rire! Je croyais qu'il vonlait s'affu-
rer de la fidelité de cette Fille, tandis
qu'il ne voulait que favoir, fi je ne fou-

 pçonais pas ſes visites nocturnes… On
verra ce que c'est dans un moment.

Le reſte du mois s'écoula, ſans que
nous éuſſiōs d'altercaciō marquée. Cependant Sara changeait à-vue-d'œil, ét
il est à préſumer que la fureur concen-
trée, que je lui avais causée le 9 8bre,
lui avait tourné le ſang; une jauniſſe
conplette ét dangereuse ſe manifeſta le
20. On eût recours aux remèdes ordi-
naires, qui furent ſans effet. La Touſ-
ſaints arriva. Quatre jours auparavant,
un-ſoir, pendant notre ſoupér, Sara me
demanda la permiſſion d'aler paſſer les
fêtes à la petite-maiſon de Noiraud, à-cause de ſa ſanté: ajoutant, que ſi cela me ſe-
ſait la moindre peine, elle n'irait pas.
Je lui repōdis, avec une indignacion con-
centrée, que j'y conſentais, ét que j'aimais mieux, tout-conſideré, la ſavoir
infidelle, que malade. Je resolus à-
l'inſtant de ne la plus voir. Mais je diſ-
ſimulái. Elle partit la veille avec ſa Mère ét Florimond. Elles reſtèrent 5 jours,
ét revinrent le Dimanche, un jour plutôt que Sara ne me l'avait annoncé, en
me demandant la permiſſion. Je m'a-
perçus de ſon arrivée le même ſoir; mais
je n'alái pas ſouper avec elle. Le
lendemain-matin, je n'y alái pas non-
plûs. Enfin, à deux heures, je vis Sara

ra entrer chéz moi, dans ma nouvelle 1781
demeure de la ruë *des-Bernardins.* Jamais surprise n'égala celle qu'elle me
causa. Je ne savais coment l'accueillir;
lorsque jetant les ieux sur elle, son air
malade me fit pitié ; je la reçus avec at-
tendrissement. Le prétexte de sa visite
(car il en falait à son cœur coupable),
ce fut la perte de la jeannette que je lui
avais donée, ét de ses poires en or, mõ 1^{ér}
présent, qui lui était le plûs chër (me dit-
elle): ,, Me les auriéz-vous reprises, la
veille de mon depart, pour rire ét me
mettre en-peine ,,? Je ne vis pas tout-
d'un-coup la finesse, ét je repondis bonement, Que je ne riais pas ainsi. J'a-
lái chés elle, aprés son depart, ét nous
cherchames: elle trouva sa pérte préten-
due, à l'endroit le plûs visible, sous le
plis de sa table-à-damier. Je sus alors
au-fait de la ruse: mais j'en étais flaté.
,, On m'a demandé permission pour aler
(pensái-je); on se hâte de venir se montrer, aprés le retour; on est aparenment
detachée de mon Rival: Alons, c'est
une marque de changement avantageux
... Dailleurs, elle est malade; il serait
cruel, inhumain de l'abandoner etant
malade ,,! J'ái le malheur d'avoir le
cœur, l'âme sensible, ét souvent ma bõ-
té, ma *compâtiffance*, m'ont rendu la du-

XII Partie. X x

1781 pe la plûs bête, la plüs ridicule. Mais je ne rougis pas de ce defaut; j'en tire plutôt vanité. Heureux celui qui n'est dupe que de son bon cœur! J'envie autant son sort, que je plains celui de l'Infortunée, qui fait des dupes avec sa fourbe ét sa duplicité!...

Je m'attachái donc à Sara, d'autant plûs, qu'elle me paraissait avoir plüs besoin de moi. Je lui parlái de voir mõ Medecin, le meilleur des Homes. Elle accepta: mais elle differait de jour en jour d'y aler avec moi. Cependant sa maladie augmentait à-vue-d'œil.

Un samedi-soir, vèrs les 5 heures, que je venais pour la voir dans notre chanbre, elle ne s'y trouva pas. J'entrái chéz sa Mère, où je la vis plüs mal que jamais. Je temoignái les plüs vives inquiétudes. En me reconduisant, la Mère parut alarmée: ,, Voila (me dit-elle), come je pers tous mes Enfans! Elle n'en reviéndra pas ,,! Ces mots douloureusement prononcés, firent sur moi une inpression prodigieuse!... Hô! come j' aimais encore!... Je fus ému, trouble, je fondis en larmes, en quitant la Mère, ét je courus à mon Ami Guillebërt. En fondant mon cœur, je trouvái que la mort de Sara laisserait dans mon âme un vide effráyant, qui me ferait detester

tous les endroits où je me serais occupé
d'elle: „Sois à mon Rival! (m'ecriái-je
en pleurant); mais que la mort ne moiſ-
ſone pas ſitôt ta jeuneſſe ét tes charmes„!
Et je courus chéz mon Ami le Docteur.

Arivé chéz Guillebërt, je lui exposái
la maladie de Sara. „Ce n'est rién (me
dit-il) que cette maladie, à 20 ans„. Il
me raſſura par d'excellentes raisons, ét
me penetra de la joie la plüs vive, la plüs
pure, que j'aie peutêtre jamais ſentie...
Je revins encore plüs vîte que je n'étais
alé. ¶ A mon retour, je trouvái Sara
dans notre chambre. „ Chére Amie !
(lui dis-je), raſſure-toi come je le ſuis: ta
maladie ne ſera rién, avec ce que je t'
aporte (le Dr m'avait doné pour elle de
ſon 5-10, émetiq ét nître, extrêmement
efficace dans cette maladie) : ta jeuneſſe
ét les ſoins de mon digne Ami te ſau-
veront. Il faut l'aler voir demain : un
gros rume l'enpêche de ſortir, ét ce petit voyage en caroſſe te ſera du bien„.
Mes geſtes animés ; mon acçion ; ſes
mains tendrement preſſées dans les miè-
nes ; l'effroi que ſa Mére lui avait cau-
sé, ét que je detruisais ; l'amour de la
vie enfin, l'émurent au point, qu'elle
reprit d'elle-même avec moi le ton d'il
y avait 11 mois ; elle me tutoya ; ce qu'
elle ne ſesait plus, depuis ſa parfaite

1781 liaison avec Lamontette ; elle me dit les choses les plüs agreables, les plüs flateuses ; elle me dona ces noms de tendreſſe, ſi doux à entendre, quand ils ſortent de la bouche que l'On aime. Je me trouvais heureux, d'autant plüs heureux, que depuis ſa maladie, elle m'était plüs chère que jamais. ¶ Le lendemain, nous alames enſenble chéz le Dr. Le même ſoir, Sara ne me tutoya plus. A-peine raſſurée ſur ſa vie, elle ne me temoigna plus que ſa froideur ordinaire. J'en ſus frapé ; j'en ſus bleſſé, ét j'en revins à ma resolucion, deja prise, de la quiter, dès quelle ſerait parfaitement retablie... Je continuái mes ſoins.

Dans ce même temps, Lecteur, elle me ſesait la trahison la plüs horrible. Sa Mère avait renoué avec Lamontette, dans l'eſperance, que par ſon credit, elle aurait une place pour Florimond, qui lui était à-charge, depuis qu'il n'avait plus rién. Lamontette avait trop de bon-ſens, pour placer un Ivrogne abruti, incapable. Il promit, mais il ne realisa pas, ét ſut eluder les demandes. Ce fut alors que la Mère de Sara lui fit ſerieusement entendre, qu'il ne falait pas qu'il revînt. Elle l'aſſura qu'il était la cause de la maladie de ſa Fille, ét qu'il la ferait périr. Il fut convenu en-

1781

tr'eux, qu'il viéndrait une-fois en 8 jours
d'abord ; enfuite une-fois en 15 ; ét qu'
enfin il cefferait abfolument. ,, J'ái envie de la mariér, ajouta-t-elle, ét vous
y feriéz un obftacle.   Lamontette promit tout ce qu'on voulut, ét la Mère
conpta fur fa parole.   J'y aurais conpté
de-même. Cependant cet Home grâve,
un-peü fiër **même**, ne put refifter à l'a-
pât des rendevous fecrets.   Je foupais
en-particuliér avec Sara dās notre chanbre. Je croyais que mon Rival ignorait
qu'elle eût ce petit logement: mais fi
tout-cela n'était pas de-concert avec fa
Mère, Sara le lui avait apris, en lui écrivant, par le moyén de la Mère de notre
Filleul, ét par fon Coifeur, efpèce de
Genf qui gâgnent autant à *courtoyer* l'a-
mour, qu'à coïfer les Belles. Il fut convenu, que Lamontette ne paraîtrait plus
chéz la Mère, que très-rarement; mais
qu'entre 9 ét 10 heures du foir, il viéndrait s'en dedomager. Sara, fous prétexte de fa maladie, me preffait de fouper de bone-heure. Je m'y prêtais : ét
dès que j'étais forti, mon Rival entrait.

Enfin un Dimanche, un-peü retardé
par une affaire, je crus voir entrer mon
Rival dans la maison de Mad. Debée...
Le lendemain Lundi, un concours fin-
guliér de circonftances me fit venir tard.

X x 3

278 Je causais, en soupant, ét je me croyais si bién dans le cœur de Sara, que je lui vantais la pureté de mon atachement, depuis le temps où il aurait falu la partager. Sara m'écoutait avec conplaisance (ét j'en étais surpris !) Au-milieu de notre soupér, On frapa doucement à la porte. Elle me dit : ,, C'est Quelqu'un qui se tronpe ! Si c'est Maman, elle redoublera : Si c'est Florimond, qu'il s'en retourne,,. Nous achevames de souper, ét l'On ne frapa plus. A-la-fin, prêt à m'en-aler, je dis à Sara mille choses tendres, ét je la tutoyais affez haut, en lui demandant : ,, Es-tu persuadée de la fincerité de mon affecçiou ? Dis, ma Sara, l'es-tu ,,? Elle me repondait, Oui, à-demi-voix, lorsque j'ouvris la porte. Je fus extrêmement furpris d'y voir un Home ! ,, Quî est-ce ? Quî êtes-vous ,,? Aulieu de me repondre, Lamontette, que je reconus pourlors, s'inclina, ét tourna le dos. ,, Mademoiselle ! Mlle ! (criais-je à Sara), de la lumière ! un Home était à la porte ! ét s'en-va, fans parler ,,! Elle vint lentement. Cependant je vis encore Lamontette à la porte-grillée, quoiqu'il baiffât la tête, pour ne pas être reconu : ,, Fiër Rival ! (penfái-je), tu fuis donc devant moi ! Tu vois que j'ái des droits aumoins égaux

aux tiéns,,!... Je ſuivis le Fugitif, que
je ne decouvris pas, taut il ſut alerte !
il me donait un nouveau trionfe, en ſe
cachant, lui qui m'avait ſi ſouvent regardé en-pitie!... Revenu auprès de Sara, je lui racontais que je venais de voir
Lamontette : Elle me repondait que ſûrement je me tronpais ; que peutêtre é-
tait-ce Delarbre, qui ſerait de-retour à
Paris ; et j'alais me retirer, quand On
frapa de-nouveau. Sara ſe jeta devant
ᴍᴏɪ, pour ᴍ'enpêcher d'aler ouvrir. Elle
ᴍᴇ pria ſi inſtanment de reſter, que je
ne pus refuſer, quoique ſouvent je lui
temoignaſſe mon inpacience. Elle étei-
gnit les lumières, mit de la cendre ſur
notre feu, s'aprocha nus-piéds de la
croisée, et tâcha de voir Qui frapait.
Mais dans la verité, c'etait pour ſaire ſigne à Lamontette de ſe retirer, et qu'
elle n'etait pas libre. Je ne ſais ſi elle reü-
ſſit ; car On frapa 3 quarts-d'heure, à differentes repriſes... Je ᴍ'inpacientais
horriblement !... Enfin Sara ᴍᴇ permit
de ſortir, quand elle ſut que ſa Mère e-
tais couchée. C'était une defenſe de la
Mère qui m'avait fait garder, ecouter a-
vec conplaiſance : ᴍᴀᴅ. Debée avait a-
lors le projet de chaſſer Lamontette par
un faux mariage avec un Locataire veuf
nomé *Laſ* ; de ſe moquer enſuite de cet

Home, de me reprendre, pour la penſion ét les loyérs, tandis que ſa Fille aurait une intrigue ſecrète, deja mitonée, étc. Auſſi Sara. en Me renvoyant, m'avait-elle demandé le ſecret avec ſa Mére.

Je paſſe tout ce qui a raport au mariage ſimule, mais que peutêtre Sara croyait reel. Un-ſoir Florimond ivre s'était enfermé chez Mad. Debée, qui ne put rentrer. Elle frapa chez ſa Fille. qui, couchée avec Lamontette, n'eût garde de s'éveiller! Laſ, non encore au lit, hébergéa ſon Hôteſſe. Telle ſut l'origine d'une nouvelle intimité. Or Mad. Debée avait (ét devait avoir) beaucoup de goût pour les nouvelles Connaiſſances. On jaſa une partie de la nuit. „Vous êtes veuf, môſieur? „Hêlas! oui, Madame. „Vous regrettéz votre Fême? „C'était une Conpagne cherie. „Il faut en prendre Une-autre. „Où la trouver, Madame, avec 3 Enfans, ét une Orſeline, dont je prens ſoin! „Je vous la trouverais. „Hô! ſi c'était vous, Madame? „Moi! (dit la Dame, en ſeſant la petite-bouche), je ne ſuis pas veuve. Mais je pourrais avoir Quelqu'une à vous doner. „De votre main, Madame... „Tenéz, c'est la ma Fille. (Elle affectait ſouvent de parler mal). „Un ſi grand bonheur, Madame, étc. Tout

fut arangé, dès cette 1re nuit. Sara, aussi friande de nouveautés que sa Mère,
accepta la proposicion de mariage, et se
conpórta en-confequence à mon égard.
J'en fuis à notre dern^{ier} foupér tête-à-tête.

Sara me fonda, pour me faire prêter
100 loüis. Je refufái. Elle me traita le-
ftement, ét le foir, étant venu fouper
tard, elle marqua beaucoup d'humeur;
elle montra la pliis odieuse infolence...
Sur ce que je m'excufais, difant que
j'avais eú affaire; que j'étais fâché de l'
avoir fait atendre; qu'il ne falait pas me
gronder: Elle repondit : ,, Vous gronder! hâ! cela ferait trop tendre ,,!........
(Jeune-infortunée! qui crains d'être trop
tendre pour l'Home dont tu reçois les
biénfaits! hô! que veux-tu que je penfe
de toi)!... Ce fut la fin de notre intimité. Car le lendemain-foir, étant revenu,
Florimond m'ouvrit. Je lui demandái
Sara? ,, Mademoiselle? Elle n'y est
pas... Elle n'y fera plus. ,, Coment,
plus ,,?... (M'avançant du côté de la
Mère): ,, Madame veut-elle m'expliquer
ceci? ,, J'ái remis ma Fille chéz une Ou-
vrière en dentelles ,,. Je l'aprouvái fort
d'avoir pris ce parti honête, Sara étant
guerie. J'atendis enfuite qu'elle me dît
où elle l'avait mise. Mais elle garda le
filence. Je me retirái furieux de l'inpo-

 liteſſe de Sara, qui , vivât avec moi, s'en-
alait ſans m'avertir, ſans me dire adieu!

C'était le 13 au-ſoir qu'On me cachait
Sara ; et le 18 xbre , Florimond, qui
m'aperçut, courut après moi, pour me
demander , D'où-vient On ne me voyait
plus? ,, La Mère ne me dit pas où est la
Fille : Celle-ci ne m'a point prévenu:
Je les laiſſe, puiſqu'elles m'ont laiſſé,
,, Mais Mlle eſperait que vous viendriez
ſouper les Dimanches et Fêtes? ,, Non ;
il faut rompre : ce trait d'inpoliteſſe est
le dernier que je veuille endurer,,. Je
le quitái ſurlechamp, fermement resolu
à ne plus revoir Sara. [Lecteur ! ne vous
y trompez pas ! j'aimais encore avec paſſion !.... Hâ! que c'est une cure longue et difficile, que celle de l'amour,
lorſque l'inpreſſion a été profonde!]....

Je ne pus m'enpêcher d'entrer chéz
Sara dans la femaine du jour de l'An , ne
conptant pas la trouver. Elle y était. On
me dit, qu'elle avait été malade.....

Voici une turpitude. Mad. Debée, qui
ne voulait pas marier ſa Fille, malgre tous
ſes ſenblans, *voulut en raſſasier Laſ, a-
vant de rompre. Elle la dona pour une nuit
à ſon Futur ; ſans-doute pour calmer les
regrets de cet Home, lorſ de la prochaine
rupture... O Monſtre, digne.,. Et toi,
Fille audeſſous de 20 anſ, qui feignais*

*la vertu, l'innocence, la candeur, qui t'a
donc coronpue?.... Sara, l'......! Non, je
n'écrirai pas ce mot, par respect pour l'u-
nion qui fut entr'elle et moi; non, je ne sau-
rais l'écrire!... Sara, dans les bras de l'
Home, dont elle perdait l'estime, avant d'en
faire son Mari, lui disait: ,, Méchant!
que veux-tu? Que veux-tu, Méchant! Hé!
que te donerai-je donc, le jour de notre
mariage?.......... Femmes honêtes, par-
don! Mais que mon récit fasse sentir aux In-
sensés qui Vous manquent de consideracion,
de quel prix sont et vos faveurs, et votre
cœur, et votre tendresse, et votre société,
comparés à tout-cela de la part d'une Fille,
que j'aime p.utêtre encore!* (1782).*

Le nouveau Tenant était un petit Pa-
risién, sur la tête duquel je pouvais poser le coude, sans le hausser...... Je ne
pouvais imaginer que nous fussions sa-
crifiés, Lamontette et moi, à un petit Brin-
borion en parentése, d'une demarche as-
féz risible, pour être plaisante. C'était
la verité neanmoins, et le peu rusé Florimond, que quelques verres de vin,
avalés en cachette, rendait parlant, lâ-
cha 2 ou 3 mots, qui me decouvrirét le
mariage... Le mardi, je vis Sara parée.
Je pensai que le mariage alait se faire...
Je montâi faire mon conpliment. Mad.
Debée nia. Moi, je felicitâi la Future,

1782

ét je l'enbraſſái... Je ſus très-inpoliment traité. On craignait l'arrivée du Préten-du. Peu s'en falut qu'On ne me dît de me retirer. On ne me le dit pas cepen-dant... Je ſortis. Mais au lieu de m'é-loigner, je montái à l'étage d'audeſſus, ... Je croyais qu'On alait fiancer. On ſut chez le Lieutenant-civil... Je paſſe tous les détails, qu'On va conprendre.

Nous en ſomes à une époque terrible, qui va faire conaître à Sara, ſous quel point-de-vue elle était regardée par ſes Amans. Par une ſuite de ma faibleſſe, je la voulus voir, pour ſavoir le jour de ſon mariage. Le hazard amena, par cette viſite non-préméditée, une cataſ-trofe à laquelle je ne penſais guère! Je trouvái Sara qui s'habillait. On me dit, qu'on alait ſortir, ſans me dire où l'on devait aler. Je réſolus de le ſavoir, en me tenant aux environs de la maiſon. J'attendis peu; je vis les 2 Femmes a-ler à-pié, avec un Home, qui m'avait l'air d'un Perruquiér. Cela me parut ſinguliér! le Prétendu ne les acconpa-gnait pas; ce qui me ſuprit davantage encore! Elles prirent par le quai *St-bernard*, ét elles entrèrent chéz leur Con-ducteur, qui donait une ſorte de bal. Je ne concevais rién à cette partie, faite ſans le Prétendu! Il me vint dans l'eſprit de

rendre

rendre une visite à ce Derniér. Je trouvái un Home au lit. pâle, defait, dans
une agitacion qui reſſemblait à la fièvre
la plûs violente. Je m'informái de la
cauſe de ſa maladie? Silence : mais un
ſoupir. Je lui demandái, Laquelle des
2, de Sara, ou de ſa Mère, le mettait
dans la ſituacion où je le voyais? Il ne
me repondit pas. „ Je ne puis vous
parler (lui dis-je), ſi vous ne vous ouvréz
ſur ce point? „ Je n'ái à me plaindre ni
de l'Une, ni de l'Autre. „ Et moi, je
n'ái rien à vous dire „. Il fut donc obligé de s'ouvrir un-peu, ét d'avouer que
ſa maladie etait de la douleur, du chagrin, de l'amour, du deſeſpoir. Ce fut
alors que je le conſolái. „ Vous m'ouvréz les ieux (s'écria-t-il), ſur mille-cho-
ses, que je ne ſesais qu'entrevoir !...
Elles ſont au bal !.. Moi, malade, Sara
va ſe divertir ! elle à-demi mon épouſe !
... Quelle inſenſibilité, quelle fauſſeté
plûtôt !... Il y a 24-heures que je n'ái
mangé : Je vais ſouper... Hâ ! Monſieur,
c'est la 2de-fois que je ſuis au-deſeſpoir !
... Cette épée briſée, l'a été ſur moi-
même, de ma propre main „ ! Je fus
touché de ſa douleur : moi-même, j'en
avais éprouvé une auſſi violente ; mais
ſans porter ſur mon corps une main ſui-
cide.... Je le laiſſái tranquile, à ce qu'

XII Partie.   Y y

1782 il me dit. En-effet, il l'était. Hâ! toute violente qu'il croyait fa paffion, il n'aimait donc pas come moi, s'il fut fitôt calmé! des femaines, des mois, des années, fuffisent à-peine, pour cicatriser ma bleffure!... ¶ Je le revis le lendemain: il était dans une colére tranquile, occupé feulement de la penfée de retirer les gajes qu'il avait donés. Je lui confeillái de voir notre Rival Lamontette; non que je préviffe ce qui devait arriver; j'en étais bién-loin! je le croyais encore ami de Sara; mais afin de favoir jufqu'à quel point il pouvait tenir à cette *Fille*. Le Refufé y ala le Dimanche matin: il fe noma; fon nom était conu (Laf): il comença par fonder Lamontette: Le *Troisieme* fe tint dabord fur la referve. Mais le *Quatriéme* trouva un moyén, pour le faire expliquer: ,, On vous a écrit, aux environs du 1 Decembre, une Lettre de congé, par laquelle On vous priait de vous tenir chéz vous? (Silence; grand étonement!) ,, C'est moi qui l'ái libelée: Je l'ái dit enfuite à Sara; elle m'en a remercié de bouche, ét.... par écrit. Voila fon Billet ,, Le *Troisieme* lut. ,, J'ái un cõfeil à vous demander pour une Mère (continua le *Quatriéme*): :: Je ne veux pas marier ma Fille; mais je voudrais bién garder

les bijoux ét les présens?... Tout en lisant, le *Troisième* fourit, mais de rage
fans-doute. ¶ Nous avons tous notre
amour-propre, ét Delamontette un-peu
plûs que les autres Homes. Il devint
furieux: ét cet Avocat, que je croyais
encore pénétré d'eftime pour Sara; lui,
que j'avais vu n'aguère faire le rôle d'A-
mant épris; qui paraiffait l'adorer au
Boulevard; qui venait en Supliant la voir
chéz fa Mère; qui s'abaiffait à lui rendre
des visites nocturnes dãs la chanbre qui
nous était particulière à elle ét à moi,
Delamontette ne put tenir contre une
marque de mépris, ou d'indifference!
Furieux, il s'irrite, il s'enflâme; il de-
voîle fa conduite avec Sara.... Infenfé! qui ne voyait pas que la denigrer,
c'était fe noircir lui-mème! Il traita Sara, l'Objet de fes adoracions (ét n'a-
guère des miénnes); il la traita de la
Dernière des Creatures; il fe vanta de fes
faveurs.... Puis tombant fur la Mère,
il lui dona le plûs odieux des noms!
,, *Elle m'a raccroché au Boulevard; elle
m'a offert, amené, laiffé, livré fa Fille!
Elle l'a mise à-prix, ét je n'ai pas tenu l'en-
chère: C'eft elle qui me l'a amenée: la Fille eft encore pliis gueuse que la Mère: le
premier jour, où je les menai chéz moi du
Boulevard en voiture, la Fille fautait*

*de-joie, come si elle eût fait une bone chaf-
se; cela fut porté si-loin, que sa Mère fut
obligée de lui dire:* »*Finiréz-vous, Ma-
m'selle, que veulent dire ces façons-là!...
Et ce Miserable qu'elles ont avec elles, ce
Florimond, que la Mère traite, come Circé
traitait les Homes qu'elle avait changés en
Cochons, à quel point il se degrade! La
Mère en fait son Valet: ta Fille lui marque le plûs insultant mépris... Il est venu
me voir un de ces jours, ivre à-demi: il en
etait plûs suportable; ces Ivrognes d'habitude ont alors l'esprit du vin; aulieu que
dans les autres temps, ils sont tristement
stupides:* ∷ *Qnoi! lui ai-je dit, un Home
de Famille-honête, se crapuler ainsi, avec
de pareilles Femmes!... Vous vous enivréz;
cela est vil, bas; c'est neanmoins le seul
titre que Vous ayiéz à mon indulgence: Je
Vous crois encore assez d'âme, pour chercher à Vous étourdir sur votre deplorable
situaçion!... Mais On dit, que Vous vous-
vautréz dans la fange; que Vous revenéz à
demi-nu; que rentré, Vous couvréz d'inju-
res Celle qui est l'auteur de votre desastre?
Quoi! Vous ne savéz l'aprécier, que lorsque
Vous êtes ivre!... Prenéz une genereuse
resolucion! quittéz ces Femmes; retournéz
au sein de votre Famille, tâchéz de vous
conciliér les bones-grâces des Honêtes-gens
à qui Vous apartenéz, et Vous verréz qu'un*

changement reel Vous remettra dans l'état
d'où Vous êtez déchu!... *Le pauvre Malheureux s'est mis à pleurer:* :: *Vous avéz
raison, me dit-il (notéz qu'il était ivre à-
demi): mais coment faire? si j'avais un emploi....* ,, *Etes-vous en état de l'exercer?
Que seriéz-vous? A la premiere ivreſſe,
Vous seriéz renvoyé; Je recevrais des reproches, et Je perdrais la confiance* ,,.

Lamontette, aprés s'être expliqué ſur
Sara, ſur Mad. Debée, ſur Florimond,
s'occupa de Moi : Il me fit l'honeur de
me traiter à-peu-près come ce Dernier.
Mr-Nicolas s'entendait avec eux ſans-
doute: c'est le ſeul motif raiſonable que
je puiſſe prêter aux éloges outrés qu'il
m'a fait de cette Fille: ſes jalouſies, ſes
ridiculs deſeſpoirs, tout-cela était joué.
Cependant je crois qu'il l'aimait... Au-
reſte, s'il a été Dupe, c'est une Dupe
bien bête ,,!... *Las* prit mon parti, et
d'après le ſejour qu'il avait fait à la maison de mon temps, il ſe rendit garant
pour Moi. Il peignit enſuite l'adreſſe de
Mad. Debée, pour tâcher de garder les
préſens de noce, ſans doner la Fille....
Cette viſite ſe termina, de la part de
Lamontette, par temoigner le desir de
me voir. ¶ Le Refuſé vint me raconter
tout ce que le Congedié avait dit... Il
ajouta, qu'il alait retirer ſes gajes.

Je promis de me trouver chéz Mad. Debée au moment où il y viéndrait. Ce fut le Dimāche-ſoir que parut Laſ, et il s'expliqua modérément. On lui rendit. ¶ *Je ne ferai plus que parcourir les derniers faits. J'alai voir Lamoniette. Il couvrit Sara de ſange, au-point que j'eūs pitié de cette Jeune-inſortunéz. De ce moment, Je n'ouvris plus la bouche que pour la plaindre :* C'était ſa Mére, et les circonſtances cruelles où elle ſ'était trouvée, qui l'avaient rendue fauſſe, fourbe, facile.... *Sa Mére fit un voyage à Anvērſ, et on me le cacha. Je fis avec Sara une promenade ſur l'Ile-Stlöüis : elle ne me ſut agreable que par deſ reſſouvenirſ....* ¶ *J'atendais avec inpacience l'anniverſaire du* 31 *Mai. Le* 27 *portait ſur l'Ile,* Biduum ante inſortunium. *Le* 29, Vigilia. *Le* 30, Pal-Regal. ,, *Et je l'ignorais* ,,! (m'écrai-je). *Je pleurais avec une ſorte de volupté.* ,,O *Sara ! tu me préparais la mort ! Toi, Adeline adorée ! que t'avais-je ſait, Sara* ,,!

Mais il ſenblait que j'euſſe reſervé toute ma ſenſibilité pour le 31. La date portait, 31 MAI, 11 *heur. du ſoir, Sara non-revenue! Ma Sara perdue ! Et moi, au-deseſpoir !*... Je me recueillis dabord quelques inſtans : Un nuage de douleur et de larmes ſe formait..... Mon cœur était ſerré ; ma poitrine haletante;

... Mes ieux s'obscurcissent... mes larmes coulent, et je m'écrie :

» Depuis un an, mon malheur est complet! Mon cœur, mon pauvre cœur avait
cru trouver un azile! il s'y etait jeté, pour
ne le quiter jamais! Il aimait, il adorait
un Objet... Hà! qu'il la trouvait aimable,
cette Fille qui l'a trompé! C'est aujourdhui
l'Anniversaire de l'aneantissement de mon
cœur! Aujourᵈʰᵘⁱ, aujourdhui, Malheureux!
tu ne le sentis plus que pour souffrir! Aujourdhui, aujourdhui, tu n'as plus eü d'A-
mie, d'azile contre le malheur, la douleur,
le chagrin, les inquiétuœs, le desespoir, la
mort!... Aujourdhui, aujourdhui, à cette
heure, tu n'as plus tenu à Persone au monde; tu as été abandoné de toute la Nature, come un pauvre Infortuné!... Aujourdhui, aujourdhui, à cette heure, ton Amie,
ta Fille, ta Conpagne bien-aimée, Celle
qui devoit repandre la douceur sur tes
Jours, t'abjurait, te trahissait, se vouait
à Un-autre!... Aujourdhui, aujourdhui,
à cette heure, elle te préparait la coupe fatale de la trahison, de la Jalousie, des larmes-de-rage, des serremens-de-cœur, des
soupirs sanglotés, de la cruelle insomnie,
de l'attente brûlante, du brisement de l'âme,
de l'horrible desespoir!... Aujourdhui,
aujourdhui, à cette heure, J'ai perdu le
plus grand Tresor de l'Home, le cœur d'une

1782 Femme dont il se-croit-aimé!... Hô! hô! pauvre Malheureux que Je suis, J'étais deja mort; pourquoi, pourquoi faut-il que Je meure deux-fois!... J'étais insensible... ma vie s'écoulait sans plaisir et sans douleur.... sans desirs, sans desseins, sans vues pour l'avenir: Je me disais :: Tout est fini... Une Jeune-beauté, un Ange vient en ce moment; elle me montre... l'amour, le plaisir, le bonheur, et elle me dit, ,, Tout-cela est à toi, si tu veux m'adorer ,,. Je frissonai, Je voulus fuir..... Les Grâces m'enchaînèrent; elles m'étreignirent dans leurs liens de fleurs, plûs forts que le fer: Je m'abandonai aux Grâces, à l'Ange qui m'offrait le bonheur, à Sara... J'aimai; Je revécus; J'eûs un cœur, des sens, j'en fis usage, et je goûtai le plaisir... Mais hêlas! malheureux Jouet du fort, à-peine rendu à la vie, Celle qui me l'avait donée, me replongea dans le néant d'où elle m'avait tiré!... Mort cruelle, et mille-fois plûs douloureuse que la premiere, c'est aujourdhui, aujourdhui, à cette même heure, que tu me fus donée! et si depuis J'ai eû des sens, ils n'ont servi qu'à la douleur ,,... Et Je pleurais, Je fondais en larmes, le visage voîlé d'une main, traçant quelquefois de l'autre sur la pierre l'excès de mes douleurs. ¶ Avec quelle vivacité cet Anniversaire me retraçait la trahison de Sara! Je la sentais peutêtre plus cruellement que je ne l'avais alors sentie; Je ne pouvais que sangloter.... ¶ C'est en ce moment cruel, que j'aperçus devant moi, sur le Pont-marie, Sara, sa Mère, et Florimond. Un élan de tendresse involontaire, desavoué par ma raison, me porta vers l'Ingrate. J'abordaï la Mère. J'en fus accueilli. Je ne lui parlai que de Sara; je dis ce que je pensais: Je l'aimais, en cet instant: (Ceux qui conaissent le cœur-humain n'en seront point étonés, après ce que je venais d'éprouver). Cette Femme parut charmée de ce que je lui disais: Encouragé par-là, Je sentis de la joie, de l'amour, de la tendresse... En levant les ieux sur Sara, qui marchait devant moi, je voyais sa taille élegante, ses beaux cheveux; un demi-tour que fesait quelquefois son visage de notre côté, me montrait les roses de son teint: La douceur parut dans ses ieux; hâ! quand elle les adoucissait, on y voyait aussitôt l'innocence, la candeur, la franchise, le tendre interêt, tout ce qui peut seduire et charmer les malheureux Mortels! Mon âme ouverte par la douleur, en reçut plûs avidement la sensacion délicieuse du plaisir, elle s'en rassasia. Mad. Debée, adoucie par les disposicions que je montrais pour sa Fille, me parlait avec affecçion.

Nous arrivames ainsi au *Boulevard*;

1782 j'y reparus avec ces deux Femmes, que j'avais été y voir fi fouvent à-la-derobée, foit avec mon ancien Rival, foit avec leur nouvelle Conaiffance ; j'y jouis des doux regards, du gracieux fourire, des paroles obligeantes de Sara ; au même endroit, ou le 9 octobre précedent, j'avais brûlé de jaloufie, où j'avais vu mõ Rival preferé.... L'ivreffe revint.... Obligé de les quitter, je m'en revins heureux.... Heureux !... Oui, j'avais le bonheur d'un Miferable, qui s'est enivré... Je revins le foir fur ma chère *Ile :* Tout m'y parut changé en beau : j'y verfai des larmes-de-joie ; j'y écrivis fur la pierre : *Avec Sara au Boulevard-du-Temple, l'anniv. du douloureux* 31 *Mai!* J'alai efuite jufqu'à la pointe occidentale. Là, mon cœur exalté s'affaiffa : un mot, un cruel mot ! ou pluitôt un favorable trait-de-lumière me frapa : Je me rapelai qu'une Fême m'avait averti, que Sara, que fa Mère devait m'amadouer, pour obtenir de moi l'effet de mes anciénnes promeffes.... Adieu tout mon bonheur !... Mais je ne me trouvai plus la fenfacion regrettante, defefperante, que j'éprouvais auparavant.

En ce moment, à 11 heures, je me retrouvai vis-à-vis l'infcripçion de l'année précedente : je la lus à la lueur du rever-

bère. Tout se retraça... Ce moment fut 1782
cruel! ,,Tranquil Sejour! (m'écriái-je),
où je viéns, chaque jour, savourer mes
plaisirs ét mes peines, tu n'entendras
plus que des soupirs! J'ái perdu, une-
fois encore, la Sara que j'aimais: càr ce
n'est plus elle que je viéns de revoir,,!
Et je m'assis pleurant. Je restais-là. J'entendis marcher doucement. ,,Mettons-
nous-là dans l'ombre (dit-on fort-bas).
Je verrái si tu l'es, à 14 ans. ,,Hô certainement! On a voulu: mais jamais.
... ,,Quî a voulu? ,,M. *Voisin*, un
Ami de mon Père. ,,Que t'a-t-il fait?
,,Mais ce que vous faites à-présent.....
,,Et ceci? ,,Nòn, non: il craignait
de me faire un Enfant,,. La petite cria.
Je me levái pourlors bruyanment, ét j'
alái écrire sur le mur cette scène. La
petite dit à l'Home: ,,C'est le *Griffon*
de l'Ile, qui écrit sur les murs! sauvôs-
nous! ,,Non! non! je veux t'achever.
,,Voici le Guet,,! (m'écriái-je). Aus- 106
sitôt l'Home (que je reconus), ét la pe- Estamp.
tite fille, s'enfuirent à toutes jambes.
Mais je les vis rentrer... Ils avaît pro-
fané ma douleur; je m'en retournai l'â-
me desséchée....

Vous avéz suivi, ô mõ Lecteur! dans
ce long Recit, la marche de la plus forte
des passions: Vous avéz vu come elle
naît, come elle croît, come elle se ren-

grège, même après les torts, l'indignité conue de l'Objet aimé! Vous avez vu ses accès, ses redoublemens, ses crises: come ce Volcan paraît s'apaiser; come à-l'instant qu'on ne s'y atend plus, il produit une érupçion violente! come les torts l'éteignent doucement, lentement; come il se ranime par intervals; come il lance les eaux du regret, de la douleur, avec les feux de l'amour ét du desespoir! come un dernier ét puissant effort amène quelquefois son extincçion totale! Je suis un Livre vivant, ô mon Lecteur! Liséz-moi! souffréz mes longueurs, mes calmes, mes tempêtes, ét mes inégalités! songéz, pour vcus y encourager, que vous voyéz la Nature, la Verité, destituées de tous les ornemens romanesqs du Mensonge!....

Le lendemain, j'alái voir Sara. Je proposái pour le soir une promenade aux *Noucaux-Boulevards*, loin de ces *Boulevards* corrupteurs, encan du Vice: les Nouveaux ont encore le rustiq de la Nature, ét l'Honête-feme peut y aler seule. ... On accepta de la manière la plus enjouée. Les Dames me précédèrent. Le lieu pour les rejoindre était designé.... En-alant seul, une foule d'idées m'ocupèrent: ,,Il y a un an, que le matin de ce même jour, mon sang ne circulait plus!

plus ! j'avais le cœur ſerré de douleur ! 1782
Mon Rival,.. trionfant... avait Sara ! il
la voyait tendre... Que j'ái ſouffert, durant cette année , qui ſe *revolve* aujourdhui !... Tout eſt paſſé ! moi-ſeul je reſte... Lamontette n'eſt plus !... L'Epou-
ſeur n'eſt plus... Le Clérc n'eſt plus...
Le Cochér n'eſt plus... Je reſte ſeul : je
ſuis accueilli, fêté ; je vais goûter avec
Sara... Ce ſoir, ſon bras s'apuiera ſur le
mién : ſes ſoupirs n'iront plus chercher
mon Rival ,, !... J'alais *allegrò*, en feſāt
ces reflexions. De-loin, j'aperçus Florimond, qui me guettait. Sara ſe leva,
pour me decouvrir de plüs loin : Je la
vis ſourire. Sa jolie figure était épa-
nouie ; elle me prit le bras... L'ivreſſe
comença de ce moment, et j'alais avoir
un beau jour !... ¶ Arrivés dans l'endroit du rafraîchiſſement, la gaîté règna.
Nous avions Touſ peu dîné ; l'appêtit
rendit ce petit repas delicieux ! Le vin,
cette conſolacion que la Divinité a me-
gée aux Mortels, dona la confiance aux
4 Convives ; à moi, la tendreſſe ; à Sara,
ſes ſemblans : On rit , On ſe dit des
douceurs ; On y mit le ton de la verité.

Cependāt le Soleil précipitait ſa cour-
ſe, et la plüs belle ſoirée ſuccedait au plüs
beau jour. On ſe léve : ,, Voila (dit Sara), le veritable inſtant de la promena-

XII Part ie. Z z

1782 nade-. En-même-temps, fes beaux ieux
fe tournèrēt vèrs un côteau couvert de
verdure, de bléds, de feigles ét de fleu-
rettes. Elle en prit le chemin, apuyée
fur mon bras. Sa Mère ét Florimond
nous fuivaïtà quelque diftance. Le fen-
tiér était étrait, un-peu tortueux; les
feigles était à notre hauteur; l'air par-
fumé par les émanacions des fleurétes,
les mèlait à celles de la verdure ét de
la floraison des feigles; un Zefir caréf-
fait les treffes de Sara, ét la dedoma-
geait de fon éventail, qu'elle avait laiffé où nous avions goûté... Jamais elle
n'avait été fi belle: c'était uue Nimfe
au-milieu des champs fleuris... „Je
t'ái rêvé cette nuit (me dit-elle): Il m'a
femblé que nous alions être mariés. J'en
étais ravie „! Sa main blanche preffa la
miénne; fa bouche de rose me donna
un baisér. J'étais fous le charme: 12
mois venait de s'effacer... J'exprimái les
plüs tendres fentimens... Parvenus au
haut de la colline; nous refpirames l'air
le plüs pur. Sara fe mit à courir: Je la
fuivis. Une Alouette fe leva fous nos
piéds. Je trouvai fon nid: Il y avait des
petits: Sara fut dans une forte de tranfport, en les voyant: Elle me dona 2
baisérs: „Je n'ai jamais eú de bonheur
qu'avec Toi„! Ce furēt fes expreffiõs,
que fon air rendit encore plüs flateuses.

1782

La Mère de Sara fut elle-même ravie!.. tant il faut peu de chose pour fe concilier les Fêmes! tant il faut peu de chose, pour les aliéner !   Un an auparavant, qu'avais-je fait!   Trop de bien.

Le reste de la promenade, Sara fut folle-de-joie. La Lune brillait, et nous donait fa lumière argentine ; nous revenions deux-à-deux, causant, nous careffant...   Vers le milieu du *Boulevard du Jardin-royal*, nous entendimes des Femmes chanter *Raimonde*, toute nouvelle alors : nous l'écoutames. Sara me tira dans un feigle voisin, où nous nous cachames, et là, elle repondit à la chanfon des Inconues, par celle-ci ;

> Rién n'égale dans la Nature,   *Air d'Epicure.*
> L'Amant dont mon cœur eft charmé,
> Pour la volupté la plûs pure,
> Les Dieux tout exprès l'ont formé :
> On le prendrait pour l'amour même.
> Quand fes ieux fur moi font fixés :
> Il me dit fans-ceffe qu'il m'aime,
> Et ne le dit jamais affez.

„ Hâ ! Sara ! m'écriai-je, de quel Amāt parléz-vous ? „ Cette chanfon vous deplait ! On nous ecoute ; profitons du filence qu'on nous accorde.

> —Vous êtes irrité.
>   Enverité,
> Ce courroux me fait rire !
> Mais de quoi vous plaignéz-vous ?
> Quoi ! feriéz-vous jaloux ?

1782

Que vouléz-vous dire ?
Empêcher l'homage,
Qu'on rend au bel âge ,
Depend il de nous ?
Puis-je refuser   Un baisér,
Quand on me tourmente ?
Je souris aux talens   Des Galans,
Sans en être amante :
Tircis, je veux bién
Qu'un tendre lién
Ne fasse de nous qu'une âme :
Mais si votre flàme
Pour si peu me blâme,
N'esperéz plus rién.

—Pouvéz-vous , Volage,
Vous servir de ce langaje !
Dit Tircis , en la fixant :
Ingrate , mon cœur sent
Que le vôtre l'outrage :
Hâ ! quand on s'engaje
N'est-ce donc qu'un badinage ?
L'amour sans partage
Fut toujours le gaje
D'un cœur bién épris !
Mais le vôtre , Iris,
Ignore ce charmant usage !
Qui vous rend homage ,
Obtiént l'avantage
De plaire à vos ieux !
Un cœur amoureux   Ne peut être heureux,
Si plus d'un Objet lui fait sentir des feux :
La delicatesse   Doit de la tendresse
Former les doux nœuds.
Je vous aime ,   Mon ardeur extrême
Forme l'unique bonheur
De mon sensible cœur !
Je vous aime ,   Mon ardeur extrême
Pour vous durera toujours,
Et de mes jours   Finira le cours.

A ce difours, Iris,
Envain retiént fes larmes;
Biéntôt Tircis
Les voit couler; pour lui que de charmes!
Sans rién dire, La Belle foupire :
Mais regardant fon Amant,
D'un air charmant, Chanta tendrements
—Je vous aime,   &c.

Cette derniére chãfon fut très-aplau-
die par les Inconues; Sara l'avait chan-
tee avec un goût exquis. fans-doute,
parcequ'elle etait animee, ét qu'elle lui
fourniffait l'occafion de me dire fon fentiment, fur ma jaloufie, en-même-temps
qu'elle voulait me confirmer fes ten-
dreffes. ¶ Nous nous aperçumes, en
ce moment, qu'on venait à nous. Sara
fe mit à fuir entre deux fillons; Florimond et ia Mére en firent autant, ét
lorfque nous fumes feuls, et un-peu
loin, Sara me fit affeoir dans le feigle le
plûs touffu.... ¶ J'oubliais la Nature
auprés d'elle; je m'oubliais moi-même,
et mes tourmens paffés, ét mes Rivaux,
ét fes perfidies, ét fes duretés; je ne
voyais plus que Sara, non la tendre Sara des premiers temps, mais une Fille
vive, enjouée, folâtre....
Nous rejoignimes enfin fa Mére ét
Florimond : mais avant de les aborder,
nous remplimes nos mains de fleuret-
tes blanches, d'une odeur très-fuave,
qu'on apelle en quelques provinces des

1782 *Claquets*, ét ce fut le prétexte du long temps que nous étions reftés éloignés. Nous rentrames à la Ville à une heure du matin, fatigués, mais divertis, pleins de gaîté, en nous promettât de faire fouvent de ces parties, fi favorables à la fanté.

Rentré chéz MOI, je me dis : „Come les anées fe reffemblet peu ! Il y a un an que Sara revint de chez mon Rival, ét que je vis que j'avais perdu fon cœur „.... ¶ Le lendemain, je me trouvai plus ami de Sara que jamais. Nous dînames enfemble les 2 jours fuivans : mais le foir du 2d, elle parut me voir avec peine. Elle atendait Quelqu'un fans-doute.... Nous traînames ainfi, fesant quelques parties, come celle que j'ai decrite, jufqu'au 19 juillet, qui vit la derniére. Le 20, Sara ét fa Mère étant abfentes, j'alai le foir au Boulevard de corrupçion, pour me diffiper... Quelle fut ma furprise, d'y voir Sara, entr'un jeune Abbé coquet, ét une Dame âgée fa mère, qui lui fouffrait.....

Tãdis que cette vision m'occupait, ét que je me tenais à-l'écart, on me frapa fur l'épaule. Je me retourne vivemt: C'était Lamontette : „Hé-bién ! aimez-vous encore ? „Vous êtes fans interêt à le favoir. „Hâ ! j'en repons ! Sara est la plûs méprisable, la plûs méprisée... Mais la voila ! Elle a un Abbé depuis enviton 2 mois ; je la vois fans-ceffe avec lui, feul, ou avec une Dame qui l'acconpagne aujourdhui. On dit que c'est la Mére de l'Abbé, qui lui done elle-même une Maîtreffe, par commiferacion... Dites, aimez-vous encore ? ,, Non,,.

Je parlais vrai, en repondant ce *non* : il ne fut ni douloureux, ni même penible. Cependant je crois que j'aurais cõtinué à revoir Sara. Mais cette journée était celle des decouvertes. J'eûs à-peine quité Lamõtette, que j'aperçus Manon, cette jolie Brune dont il est dit un mot, à l'occafion du piner des Artiftes. ,,Hébien, me dit-elle, vous avez été de la noce? ,, Non ! De Qui ? ,, De votre Demoifelle. Cette Dame que vous voyez, a un Fils Abbé... que voila, qui ne peut fe paffer de Féme : fa Mère lui en done. Mais, come elle est devote, pour ôter le peché, elle les a mariés devant Dieu, pour jufqu'à ce que fon Fils foit Prêtre : Alors le mariage fera rompu ,,. Ceci fe raportait avec 2 mots de Lamõtette. Je fus aneanti ! non de furprise; je conaiffais la Mére d'un Benedictin, qui avait fait la même chose pour fon Fils; mais d'étonement de la ruse de Sara !... Je me retirai, fans repondre.

Je n'alai plus chéz Sara qu'une-fois, le 23 Juillet, encore ne lui parlai-je pas; il y avait des Etrangers. C'est de ce

1782
1797
jour que date le *Sara laiſſée*, de l'Ile-
Saintloüiſ. On peut voir le reſte de
qui regarde cette Fille... innomable....
à la fin de la XI.me PARTIE.

Reprise de la X.me Epoque.

On a vu que j'ai adoré SARA, que je
l'ai haïe, deteſtée, méprisée : A-pré-
sent, je n'éprouve que le ſentiment de
la tendreſſe et de la douleur.... Où trou-
vera-t-on le Cœur-humain, auſſi bién,
auſſi veritablement peint que dans cette
Hiſtoire ! Hâ ! l'Abbé Delîle avait raison ! c'est un chéfdœuvre ! Mais c'est
la Nature, ét non l'Auteur, qui l'a ſait.

A présent, que ме reſte-il à decrire ? La Suite de cette EPOQUE, ſi elle
en a : Il ме reſte à imprimer mon KA-
LENDRIÉR, Supplément ſi neceſſaire ! ét
la Suite, ou le Complement de ma FI-
LOSOFIE, ſavoir, la MORALE, la RELI-
GION, ét la POLITIQUE, traitées d'une
manière neuve. *Boneville*, ruë *du-Tea-
tre-françaiſ*, a imprimé ma FISIQUE, I.re
Partie de ma FILOSOFIE : Ce qui reſte,
ſera *III Parties*, ét portera cet Ouvrage
à *XVI Parties*, ou *VIII Tomes*.

Je puis dire, come HORACE, ét come
OVIDE : *Exegi monumentum :* Et ce mo-
nument étonera quelque-jour.

Fin de la XII Partie.

9 782329 234618